하나님과
함께하는
**저녁 기도
100**

하나님과 함께하는
저녁 기도 100

ⓒ 생명의말씀사 2024

2024년 10월 23일 1판 1쇄 발행

펴낸이 | 김창영
펴낸곳 | 생명의말씀사

등록 | 1962. 1. 10. No.300-1962-1
주소 | 서울시 종로구 경희궁1길 6 (03176)
전화 | 02)738-6555(본사) · 02)3159-7979(영업)
팩스 | 02)739-3824(본사) · 080-022-8585(영업)

지은이 | 김민정

기획편집 | 서정희, 김자윤, 장주연
디자인 | 김혜진
인쇄 | 영진문원
제본 | 보경문화사

ISBN 978-89-04-16896-5 (03230)

저작권자의 허락 없이 이 책의 일부 또는 전체를
무단 복제, 전재, 발췌하면 저작권법에 의해 처벌을 받습니다.

이 저녁 주님 앞에 안식합니다.
내일을 하나님께 맡기며
굿나잇!

들어가는 글

내가 나로 돌아가는
저녁의 기도 시간

오늘 어떤 저녁을 맞으셨나요? 열심히 살아야 한다는 분주한 마음에 하루를 돌아볼 틈도 없이 시간에 쫓겨 살지는 않았는지요?

저녁 기도는 내가 나로 돌아가는 시간입니다. 아침부터 낮 동안 모두 나에게 역할을 요구합니다. 학생이어야 하고, 직장인이어야 하고, 엄마나 아빠여야 하고, 자녀여야 합니다. 그러나 저녁 기도 시간에 나는, 나여도 됩니다. 그저 하나님 앞에서 나로 설 수 있는 시간입니다.

그 시간에 이런저런 이야기를 하나님과 나누고 나면 어느새 나의 복잡한 짐들은 내려놓아져 있습니다. 한결 가벼운 마음으로 평안한 저녁 시간을 누릴 수 있습니다.

지금 우리는 불면의 시대를 살고 있습니다. 너나 할 것 없이 잠을 자는 게 과제가 되어버린 세상입니다. 분주했던 하루는 마무리되지 않은채 뒤척이다 잠이 들고 또 아침을 시작합니다.

매일 누적된 나의 아픔과 고민거리, 미래를 위한 계획들이 뒤범벅되어 나의 내면 깊은 곳에 산적해 쌓여만 갑니다. 나의 불면의 원인이 무엇인지조차 찾을 길 없이 말입니다.

해결되지 않은 감정들과 회개하지 못한 죄악들, 끝나지 않은 숙제 같은 짐들이 내 안에 쌓여만 갑니다. 십 년을 청소하지 않은 집처럼, 어느새 나의 마음이 치울 엄두가 나지 않는 집처럼 되어버렸습니다.

오늘 하루 동안 일어났던 일들을 돌아보며 버릴 것은 쓰레기통에 넣고, 소중한 것들은 간직해야 합니다. 꼭 하지 않아도 되는 일들은 잊어버리고, 해야 할 일들은 하나님의 도움을 구하고 마무리해야 합니다.

저녁 시간에 하나님을 기억하면 마음이 참 가벼워지는 것을 경험합니다. 꿈에라도 주님을 만나고 싶은 마음에 그분의 품에서 잠들게 됩니다. 매일 세수하고 샤워하고 잠자리에 들듯이 우리에겐 영혼의 샤워를 하고 주님의 품 안에서 잠들 수 있는 시간이 꼭 필요합니다.

오랜 시간 누적된 잡동사니 가득한 마음을 치우고 싶은 모든 분에게 저녁 기도를 추천합니다. 잘 정리된 집에서 좋은 향기를 맡으며 평안히 잠자리에 드는 마음으로, 주님과 함께 당신의 마음이 집을 청소하기를 시작해보십시오. 무엇보다 당신이 당신으로 돌아올 수 있는 이 시간을 놓치지 마시기 바랍니다. 내가 나되는 시간을 통해 참된 평안을 누리게 될 것입니다.

… 저녁이 되고 아침이 되니 이는 첫째 날이니라 (창 1:4).

우리가 잠든 한밤중에도 하나님은 깨어 우리를 위해 일하시고 계십니다. 내일을 하나님께 맡기며 굿나잇!

_ 김민정

01

감사

여호와께 감사하라 그는 선하시며 그 인자하심이 영원함이로다
여호와의 속량을 받은 자들은 이같이 말할지어다
여호와께서 대적의 손에서 그들을 속량하사
남북 각 지방에서부터 모으셨도다 …
이에 그들이 근심 중에 여호와께 부르짖으매
그들의 고통에서 건지시고 또 바른 길로 인도하사
거주할 성읍에 이르게 하셨도다
(시 107:1-7).

01

나의 하루에 박아두신 별빛처럼
소소한 기쁨에 감사합니다

하나님 아버지,
오늘 하루도 무사히 마칠 수 있게 도우신
아버지의 사랑에 감사를 드립니다.
하루 동안 여러 가지 일들 속에서
작은 기쁨을 누리게 하시니 감사합니다.
사람들의 작은 격려와 밝은 인사말이 위로가 되었음에 감사합니다.
맛있는 커피와 잠깐의 휴식도 기쁨이 될 수 있었음에 감사합니다.

오늘 주신, 보이지 않는 작은 것들을 통한
위로를 더 많이 발견하게 하소서.
오늘 하루를 뒤돌아보며
얼마나 많은 사랑을 누렸는지 생각해봅니다.
당연하다 여겼던 것들에 더 감사하게 하소서.
오늘 내가 누렸던 많은 것에 감사드립니다.

이날은 여호와께서 정하신 것이라
이날에 우리가 즐거워하고 기뻐하리로다
(시 118:24).

비 올 때 우산이 있었고,
먼 길에 타고 갈 교통수단이 있었음에 감사드립니다.
나를 필요로 하는 터전이 있고,
앉아 쉴 수 있는 의자가 있음에 감사합니다.
돌아올 집이 있고, 먹을 음식이 있음에 감사드립니다.
내가 누울 포근한 이부자리와
들여다볼 휴대폰이 있음에 감사합니다.

별빛처럼 소소하게 나의 하루에 박아두신
그 작은 기쁨들에 감사를 드립니다.
그 작은 빛들을 기억하며 잠들기 원합니다.
감사한 것들을 되뇌며 편안히 잠들게 하소서.
대단한 기적보다 하나님이 주시는
이 작은 기쁨들이 나를 지켜내고 있음을 알게 하소서.
나의 주 예수 그리스도의 이름으로 기도합니다. 아멘!

02

오늘의 귀한 만남들에
감사합니다

하나님 아버지,
오늘 만난 귀한 만남들에 감사를 드립니다.
친구를 만나고, 이웃을 만나고, 직장 동료를 만나고,
가게 직원들을 만났습니다.
알지 못하는 많은 사람을 버스에서, 전철에서, 길에서
스쳐 지나갔습니다.
하나님의 생명과 존귀함을 가진 사람들입니다.
그들이 나의 곁에 있음에 감사를 드립니다.

그들을 통해 얼마나 많은 것을 공급받는지 모릅니다.
그러나 때로는 그들로 인해 상처를 받기도 함을 고백합니다.
오늘 받은 상처가 있다면 주님의 위로로 치유받게 하소서.
그들과 나누었던 대화가 온전하지 못했다면 용서하소서.
나의 언어가 거칠어서 그들의 언어도 거칠지는 않았는지요.

> 철이 철을 날카롭게 하는 것 같이
> 사람이 그의 친구의 얼굴을 빛나게 하느니라
> (잠 27:17).

혹여 내가 받은 상처에 집중하느라
나도 상처 주는 말을 했다면 용서하소서.
그리고 다시 대화할 때에는 조금 더 따뜻함을 품게 하소서.
하나님의 자녀로서의 품위를 지키는 언어를 쓰게 하소서.
오늘의 그 많은 대화 가운데 상처보다는 위로가 되도록
모두의 마음을 어루만져 주소서.

이 밤 모든 사람의 마음에 주님의 사랑을 채워주소서.
그리고 나에게도 아버지의 위로를 부어
걱정을 내려놓고 잠들게 하소서.
오늘 하루를 지켜주신 아버지께 감사를 드립니다.
내일을 소망하며 하루를 마무리합니다.
나의 주 예수 그리스도의 이름으로 기도합니다. 아멘!

03

하루 가운데 깨닫지 못한
아버지의 인도하심이 있었습니다

나를 인도하시는 하나님 아버지,
오늘 하루를 도우심에 감사합니다.
여러 우여곡절이 있었지만
하나님의 은혜로 이 밤을 맞이하였습니다.
내가 오늘 선택한 것들에 복을 허락하소서.
혹여 잘못된 선택을 한 순간에도
합력하여 선을 이루는 은혜를 주소서.

하루 동안 내 마음에 있었던 악한 의도를 회개합니다.
누군가를 험담했거나,
나쁜 마음으로 선택한 모든 것을 용서하소서.
나의 내심을 주님이 아시오니
모르는 사이에 저지른 것까지 정결하게 하소서.
나의 하루를 마무리하면서 오늘 지었던 모든 죄가 씻어지기 원합니다.
잠자리를 위해 씻을 때에 나의 죄도 씻어 주소서.

사람이 마음으로 자기의 길을 계획할지라도
그의 걸음을 인도하시는 이는 여호와시니라
(잠 16:9).

오늘 기대하지 못했던 좋은 일들에 감사합니다.
하나님이 인도하시는 모든 길에 선함이 있음을 믿습니다.
하루 가운데 내가 깨닫지 못하는
아버지의 선하신 인도하심이 있었음을 믿습니다.
내일도 그렇게 인도하여 주소서.

오늘 잠자리에 들 때에 주님을 기억하기 원합니다.
TV를 끄고, 휴대폰을 내려놓고
가만히 주님을 생각하며 잠들게 하소서.
나에게 참된 평안을 주시고
모든 짐을 내려놓고 단잠 자게 하소서.
모든 걱정과 근심을 주님께 내려놓습니다.
나의 주 예수 그리스도의 이름으로 기도합니다. 아멘!

04

하나님을 신뢰함으로
평안의 잠을 구합니다

지혜의 하나님 아버지,
오늘도 나를 지켜주심에 감사합니다.
힘든 하루는 왜 이렇게 긴지요.
그래도 긴 하루를 마치고
이 저녁에 기도하게 하시니 감사합니다.
오늘의 모든 어려운 상황 가운데 함께하심에 감사드립니다.

어려운 일을 만날 때에 먼저 기도하지 못했음을 용서하소서.
일상을 살면서 기도가 습관이 되었어야 했습니다.
나의 머리와 나의 경험을 의지하는 습관을 회개합니다.
아주 작은 일이라도 기도하며 결정하게 하소서.
오늘 만났던 어려운 일들 속에
주님께서 함께해주심에 감사합니다.

오늘의 일은 오늘의 근심으로 내려놓습니다.
내일을 기대할 때에 오늘보다 조금은 더 나아지게 하소서.

> 너희 중에 누구든지 지혜가 부족하거든 모든 사람에게 후히 주시고
> 꾸짖지 아니하시는 하나님께 구하라 그리하면 주시리라
> (약 1:5).

내일은 조금 더 아버지의 지혜를 닮게 하소서.
그래도 오늘 수고한 나 자신을 칭찬하게 하소서.
오늘 실수했다 하더라도 실망하지 않을 것입니다.

하나님을 신뢰함으로 평안의 잠을 구합니다.
어차피 나는 연약한 자이오니
아버지의 능력으로 나의 일상을 채워주소서.
자는 동안 오늘의 부족함을
아버지의 능력으로 채우실 줄 믿습니다.
그래서 이 밤이 좋습니다.
나에게 단잠을 주시는
예수 그리스도의 이름으로 기도합니다. 아멘!

05

여러 가지 감정을
주신 것에 감사합니다

하나님 아버지,
오늘도 아버지의 사랑으로
하루를 마칠 수 있게 하시니 감사합니다.
오늘 만났던 좋은 일들에 감사를 드립니다.
오늘 만났던 슬픈 일들, 혹은 나쁜 일들에 감사합니다.
모든 것이 합력하여 선을 이룰 것을 믿기 때문입니다.
이 모든 것이 오늘 잘 마무리될 수 있도록 은혜 주옵소서.

우리에게 감정을 주셔서 기쁨과 즐거움,
분노와 슬픔을 느끼게 하시니 감사합니다.
슬픔이 있어야 기쁨이 더 커지고,
분노가 있어서 의를 향해 갈 수 있습니다.
아버지께서 만드신 모든 것이 아름다움을 믿습니다.
오늘 하루 동안 내가 느낀 모든 것에 감사합니다.

> 즐거워하는 자들과 함께 즐거워하고
> 우는 자들과 함께 울라
> (롬 12:15).

만약 분노하였다면 아버지의 의가 무엇인지 알게 하소서.
만약 슬펐다면 아버지가 주시는 기쁨을 소망하게 하소서.
아무것도 느끼지 못했다면
즐거워하는 자들과 함께 즐거워하게 하소서.
내 주위에 있는 사람들의 마음을
잘 돌보았던 하루인지 돌아보게 하소서.
오늘보다 내일은 더 다른 사람들의 마음을 살피는
사람 되게 하소서.

모든 감정들을 정리하고 평안히 잠들겠습니다.
해결하지 못한 분노도 주님께 맡겨드립니다.
나를 무겁게 하는 슬픔도 주님께 드립니다.
오직 이 밤에 주님의 품 안에 단잠 자게 하소서.
나의 평안이 되시는
예수 그리스도의 이름으로 기도합니다. 아멘!

06

잘못한 일을 통해
배우게 하소서

나의 아버지,
오늘도 수많은 실수 중에 나를 지켜주심에 감사를 드립니다.
많은 선택 앞에 늘 망설이게 되고 자신이 없습니다.
그 선택의 결과가 어떻게 나올지 알 수 없어
두려울 때가 많습니다.
하나님께서 도와주소서.
합력하여 선을 이루시는 아버지를 신뢰합니다.

오늘도 하루를 무사히 마치게 하시니 감사합니다.
잘한 일도 있었지만, 못한 일들을 통해 배우게 하시니 감사합니다.
그것이 자신감을 잃어버리는 것이 아니라
배움의 가치로 바뀌게 하소서.
하나님을 사랑하는 자,
그 뜻대로 부르심을 입은 자의 특권을 누리게 하소서.
선하게 인도하시는 하나님의 그 인도하심이
오늘 하루의 일에 가득 차게 하소서.

> 우리가 알거니와 하나님을 사랑하는 자
> 곧 그의 뜻대로 부르심을 입은 자들에게는
> 모든 것이 합력하여 선을 이루느니라(롬 8:28).

오늘 신중하지 못했던 말실수와 행동을 용서하소서.
나로 인해 상처받은 사람이 없게 하소서.
내일은 조금 더 진실되게 하시고, 더 사랑하게 하소서.
내일은 조금 더 성실하게 하시고, 유능하게 하소서.
주님을 붙잡고 다시 힘을 얻습니다.

모든 근심과 걱정을 내려놓고 잠자리에 듭니다.
하나님의 사랑으로 나를 덮으소서.
주님의 손으로 나를 치유하시고 평안을 누리게 하소서.
나에게 단잠을 주시는
예수 그리스도의 이름으로 기도합니다. 아멘!

07

자고 일어나면
새로운 소망이 생기게 하소서

하나님 아버지,
오늘도 무사히 하루를 마칠 수 있음에 감사합니다.
모든 것이 하나님의 은혜였음을 고백합니다.
내가 알지 못하는 얼마나 많은 위기가 있었을지요.
알고 넘어간 위기들, 모르고 넘어간 위기들에 감사를 드립니다.
나를 보호하시는 하나님을 찬양합니다.

오늘 하루 동안 지었던 모든 죄를 회개합니다.
나의 언어와 행동과 표정과 결정들 중 잘못된 것들을 용서하소서.
드러나지 않았지만, 내심 악한 것들이 있었다면 용서하여 주소서.
나에게 일어날 일들 중에
내 마음에 들지 않는 것들에 불평함을 용서하소서.
하나님의 뜻하심을 믿고 신뢰합니다.

여호와의 말씀이니라
너희를 향한 나의 생각을 내가 아나니 평안이요 재앙이 아니니라
너희에게 미래와 희망을 주는 것이니라(렘 29:11).

나를 향한 나의 계획은 좁고 이기적임을 고백합니다.
나를 향한 하나님의 계획은 크고 선하심을 믿습니다.
그래서 지금 내 눈에는 보이지 않는
그 크심을 더 신뢰하게 하소서.
하나님의 사랑이 얼마나 큰지 얼마나 위대한지를 기억합니다.
소망 없는 나에게 내가 생각하지도 못한 소망을 주심을 믿습니다.

오늘 밤을 자고 일어나면 새로운 소망이 생기게 하소서.
나로 인한 소망이 아니라 하나님으로 인한 소망을 기대합니다.
하나님의 계획하신 미래에 나의 인생을 드립니다.
오늘은 기대하는 마음으로 잠들기 원합니다.
내 편이 되어주시는
예수 그리스도의 이름으로 기도합니다. 아멘!

08

모든 피로와 스트레스를
주님께 내려놓습니다

하나님 아버지,
이 세상의 모든 것보다 가장 뛰어나신 하나님이
나의 아버지이심에 감사를 드립니다.
그 아버지의 힘으로 오늘도 잘 지나올 수 있었습니다.
나의 지혜로 감당할 수 없는 많은 일이 있었음을 고백합니다.
나의 부족한 능력으로 내 삶을 해결해가려니 너무 힘겹습니다.
오늘 나의 결정들은 괜찮았을지 걱정입니다.

이 모든 피로감과 스트레스를 주님께 내려놓습니다.
나의 결정들은 나라는 한계를 벗어날 수 없음을 인정합니다.
주님께 맡겨드리고 지혜를 구합니다.
내일은 더 나은 선택과 결정을 하기 원합니다.
그러나 그리하지 못할지라도
하나님의 도우심을 믿고 신뢰합니다.

> 이르시기를 너희는 가만히 있어 내가 하나님 됨을 알지어다
> 내가 뭇 나라 중에서 높임을 받으리라
> 내가 세계 중에서 높임을 받으리라 하시도다(시 46:10).

오늘은 고단함을 주님께 내어놓고 평안한 밤을 구합니다.
내가 걱정함으로 무엇 하나도 좋아지지 않음을 고백합니다.
주님 도와주세요.
혹여 나의 지혜 없음 때문에 벌어진 일들은
주님께서 수습해주세요.
하나님의 도우심을 믿고 하루를 마감합니다.

모든 만물을 만드신 주님을 찬양합니다.
그 안에 내가 있고, 내가 사는 세상도 있음을 믿습니다.
주님의 손에서 다시 만들어질 새날을 기대합니다.
오늘도 단잠을 주시고,
꿈에라도 주님을 만나게 하소서.
나의 주 예수 그리스도의 이름으로 기도합니다. 아멘!

09

세상의 소리에 집중하느라
중심을 잃어버린 하루

나의 하나님,
긴 하루를 지내고 잠자리에 들기 전 주님 앞에 나아갑니다.
오늘도 지켜주신 아버지께 감사를 드립니다.
하루를 어떻게 지냈는지 모르게 분주하여
하나님을 기억하지 못했음을 회개합니다.
나에게 가장 중요한 것보다
급한 것에 치중했던 것을 용서하소서.
그럼에도 불구하고 늘 은혜로 함께하심에 감사드립니다.

오늘도 세상에 빼앗겼던 마음이 있음을 고백합니다.
다른 사람의 삶이 부럽기도 했고,
내가 가지지 못한 것에 욕심내기도 했습니다.
나의 판단과 기준이 사회 보편타당한 것들에
더 많이 맞춰져 있음을 고백합니다.
의심 없이 문화와 대중의 취향에 젖어있지 않은지요.

그리하면 모든 지각에 뛰어난 하나님의 평강이
그리스도 예수 안에서 너희 마음과 생각을 지키시리라
(빌 4:7).

하나님의 기준과 성경의 말씀에 기준하여
생각하지 못했습니다.

나의 마음과 생각을 지켜주소서.
세상의 많은 소리에 집중하느라
기준을 잃어버린 하루를 내려놓습니다.
다시 원위치로 돌아가 아버지 중심으로
내 생각과 마음을 조정합니다.
잠자는 동안 숨 쉬는 것까지 나와 함께하소서.
나의 기준이 되시는
예수 그리스도의 이름으로 기도합니다. 아멘!

10

부족한 사랑과 인색했던 마음을
풍성하게 하소서

사랑의 하나님,
날마다 일용할 양식을 주시고,
동일하게 오늘을 버틸 힘을 주신 아버지 감사합니다.
매일 새로운 은혜로 하루를 시작하고 마감합니다.
하루를 다 살고 감사할 수 있는 저녁을 주시니 감사합니다.
오늘의 일들을 잘 감당하게 하신 아버지를 찬양합니다.
모든 것이 주님의 은혜였습니다.

오늘 만난 사람들을 더 사랑하지 못했음을 용서하소서.
나에게 사랑을 베푼 사람들을 기억하며 감사하게 하소서.
내일은 오늘 내가 받은 사랑보다 더 많은 사랑을 나누게 하소서.
나의 사랑이 아니라 하나님이 공급하시는 사랑으로 나누게 하소서.
오늘 내가 누리고 있는 것들은
나만을 위한 것이 아님을 알게 하소서.

각각 은사를 받은 대로
하나님의 여러 가지 은혜를 맡은 선한 청지기같이
서로 봉사하라(벧전 4:10).

이 저녁에 외로운 마음으로 잠드는 사람들을 위로하여 주소서.
가족이 없거나, 너무 가난하여
부족한 것이 많은 이들을 돌보아주소서.
혹여 오늘 내가 더 나눴어야 하는 것들이 있다면
기억나게 하소서.
그래서 베풀기를 인색하지 않게 하시고,
나눌수록 더 풍성해지는 기적을 경험하게 하소서.

오늘 아무 공로 없는 나에게
베푸신 모든 은혜에 감사드립니다.
오늘의 모든 부족함을 주님께 맡겨드립니다.
나의 부족한 사랑과, 모자란 실천과,
인색했던 마음을 다시 풍성하게 하소서.
주님의 품 안에서 잠들기 원합니다.
나의 주 예수 그리스도의 이름으로 기도합니다. 아멘!

11

날카로움은 내려놓고
다시 여유를 찾게 하소서

축복의 하나님 아버지,
하루라는 시간을 선물해주시고 잘 마치게 하시니 감사합니다.
오늘 내가 누렸던 모든 것이
하나님께로부터 옴을 인정하고 감사드립니다.
아름다운 자연과 일할 터전과
쉴 집과 만날 사람들을 주심에 감사합니다.
내가 알아채지 못한 모든 선물에 감사를 드립니다.

내가 가지지 못한 것에 집중하느라
감사하지 못한 것을 용서하소서.
좋은 것은 내가 만들어야 한다 생각하고
너무 치열했던 것을 용서하소서.
하나님 없이도 살 수 있는 터전을 만들고자
근심했던 것을 용서하소서.
내가 가는 길에 방해가 되는 사람들로 인해
짜증 냈던 것을 용서하소서.

> 온갖 좋은 은사와 온전한 선물이
> 다 위로부터 빛들의 아버지께로부터 내려오나니
> 그는 변함도 없으시고 회전하는 그림자도 없으시니라(약 1:17).

하나님이 주시는 선한 선물들을 기억하며 느슨해지게 하소서.
모든 좋은 선물이 다 위로부터 내려옴을 믿습니다.
오늘 저녁 이 자리에서 나의 모든 날카로움을 내려놓습니다.
큰 숨 한 번 쉬고 다시 여유를 찾게 하소서.
하나님을 향한 믿음 없이는 안식이 없음을 알게 하시고
지금 이 순간 아버지를 향한 믿음과 신뢰를 회복하게 하소서.
아버지만이 나를 쉬게 하실 수 있습니다.

하루 동안의 모든 어두움을 벗어버리고
빛 되신 주님 앞에 나아갑니다.
이 땅에 밤이라는 어둠이 왔으나
나는 주님 안에 안식할 것입니다.
평안히 쉬게 하시고, 단잠 자게 하소서.
나의 모든 것을 책임지시는
예수 그리스도의 이름으로 기도합니다. 아멘!

12

좋은 것만 원하는 마음의 중독을
치유하여 주소서

하나님 아버지,
모든 것을 만드시고 이끄시니 감사합니다.
이 하루의 모든 아름다운 것들이 주님의 손에서 왔음을 고백합니다.
하나님은 시간의 주인이시니
나의 하루도 주님의 손에 있었음을 인정합니다.
하나님이 주신 시간에 더 감사하지 못했음을 용서하소서.
오늘도 아버지께서 주신 선물 같은 시간에 감사를 드립니다.

오늘 하루 동안 힘든 일도 있었고 즐거운 일도 있었습니다.
만약 내 기억에 힘든 일만 있었다면,
내가 너무 고통에만 집중했음을 알게 하소서.
이 긴 하루 중에 어찌 좋은 일이 없었겠습니까.
내 마음의 중독을 치유하여 주소서.
이벤트 같이 좋은 사건들만 좋은 일이라 여기는
마음을 고쳐주소서.

이날은 우리 주의 성일이니 근심하지 말라
여호와로 인하여 기뻐하는 것이 너희의 힘이니라
(느 8:10).

대단하고 유별나게 좋은 일만을 기대하는
마음에서 벗어나게 하소서.
내가 산 오늘의 모든 일상이 좋은 것이었음을 고백합니다.
편하게 타고 다닐 교통수단이 있고,
만날 사람이 있고 먹을 음식이 있었습니다.
즐겁게 인사 나눌 친구가 있고, 뒹굴뒹굴할 집이 있었습니다.
이 많은 좋은 것에 대한 감사를 다시 회복하게 하소서.

오늘 즐거워하지 못했다면,
이 저녁 기뻐하고 감사하고 즐거워하겠습니다.
모든 것 주신 나의 아버지 감사합니다.
내일도 내가 누린 이 모든 것을 다시 허락하여 주소서.
꿈에도 그리운 나의 예수 그리스도의 이름으로 기도합니다. 아멘!

13

모든 것은
아버지의 손에 있습니다

평강의 아버지,
오늘도 하루를 무사히 마치게 하시니 감사합니다.
순간순간 만나는 어려움마다
하나님이 도와주심을 믿고 감사드립니다.
오늘의 고민들을 주님께 내려놓습니다.
아주 오래되고 지속되는 걱정과 근심도 주님께 내려놓습니다.
모든 것이 아버지의 손에 있음을 인정하고 고백합니다.

그 아버지께서 나의 아버지 되심으로 인해 평안하게 하소서.
모든 주권을 가지신 분이 나를 사랑하시니
그것이 나의 가장 큰 힘입니다.
오늘 내가 힘들었던 순간에 나를 괴롭게 하는 사람이
너무 커 보였다면 지워버리게 하소서.
그로 인해 내가 망할 것 같았다면
그 사람을 너무 과대평가한 것입니다.

아무것도 염려하지 말고 다만 모든 일에 기도와 간구로,
너희 구할 것을 감사함으로 하나님께 아뢰라
(빌 4:6).

사람을 두려워하지 않고,
모든 만물의 주인 되시는 하나님을 경외하게 하소서.
나의 지혜 없음을 불쌍히 보시고,
오늘 나의 모든 일과가 주님 손에서 열매 맺게 하소서.
나의 결정이 부족하였다면 합력하여 선을 이루게 하소서.
나의 기도가 부족하였다면 이 시간 나의 마음을 받으소서.
나의 모든 사정을 주님께 아룁니다.
오늘의 부족함을 채우시는 주님을 신뢰합니다.

나의 보호자 되시는 주님으로 인해 오늘도 단잠을 청합니다.
나의 모든 염려를 내려놓고 주님의 품에 안깁니다.
괜찮다 말해주시고, 수고했다 말해주소서.
나의 한계를 내려놓고 주님의 품에서 안식합니다.
모든 문제보다 크신 예수 그리스도의 이름으로 기도합니다. 아멘!

14

오늘 놓친 사람들을
내일은 놓치지 않게 하소서

사랑의 하나님 아버지,
오늘도 아버지의 사랑으로 하루를 잘 마치게 하시니 감사합니다.
언제나 나를 주목하여 보시고 인도하여 주심을 믿습니다.
하루 종일 수많은 일이 있었지만,
잘 마치게 하시니 감사합니다.
이 밤에 주님을 만나 안식을 누리게 하시고, 평안하게 하소서.

오늘 하루 동안 만났던 많은 사람을 기억하고 기도합니다.
그들에게 하나님의 사랑을 더하여 주소서.
그들의 영혼이 아버지로 인하여
더욱 풍성한 하루의 마무리를 얻게 하소서.
나의 건강만이 아니라 그들의 건강도 지켜주소서.
너무 급한 하루를 보내느라
소홀히 하였던 만남들을 용서하소서.

사랑하는 자여 네 영혼이 잘됨같이
네가 범사에 잘되고 강건하기를 내가 간구하노라
(요삼 1:2).

내일은 만나는 사람마다 마음으로 축복하게 하소서.
스쳐 지나는 만남이라 하더라도
그들을 아버지의 손에 의탁하게 하소서.
오늘 놓친 사람들을 내일은 놓치지 않고 사랑을 나누게 하소서.
오늘 내가 나누지 못한 것들이 있다면 내일은 나누게 하소서.
하나님의 사랑은 나눌수록 더욱 커짐을 믿습니다.

오늘도 내 곁에 있었던 모든 사람을 축복하여 주소서.
모든 복이 아버지께로부터 옴을 믿습니다.
그들을 아버지의 손에 올려드립니다.
내가 아버지의 자녀이므로
나를 통해 그들도 복을 누리게 하소서.
나의 주 예수 그리스도의 이름으로 기도합니다. 아멘!

15

사람이 아닌 하나님을
바라보며 용기내게 하소서

나의 아버지,
복잡했던 하루를 지내고 아버지 앞에 나아옵니다.
이 저녁에 주님 앞에 나아가
나의 짐을 내려놓을 수 있음이 복입니다.
나의 하루를 지켜주신 아버지 감사합니다.
어려움 앞에 때로는 위축되었음을 고백합니다.
위기를 만날 때에 이제 큰일 났구나 낙담했던 것을 고백합니다.

담대하라 하셨는데 담대하지 못했음을 회개합니다.
두려워하지 말라 하셨는데 사람이 두려웠습니다.
아버지를 바라보고 용기를 냈어야 하는데,
사람이 보여 아버지를 놓쳤습니다.
그러나 내일은 아버지를 더 크게 바라보겠습니다.
사람이 아니라 아버지를 두려워하며 담대하겠습니다.
나를 지키는 것은 사람이 아니라 아버지임을 믿습니다.

> 내가 네게 명령한 것이 아니냐 강하고 담대하라
> 두려워하지 말며 놀라지 말라 네가 어디로 가든지
> 네 하나님 여호와가 너와 함께하느니라 하시니라(수 1:9).

정직하게 행하게 하소서.
그래서 그 정직으로 말미암아
담대할 수 있는 마음을 갖게 하소서.
나의 잘못이 그것으로 끝나는 것이 아니라
나의 마음을 병들게 합니다.
숨기고, 속이고, 이기적으로 행동하는 것들이
결국 나를 위축시킴을 알게 하소서.

내일은 복음 안에 선한 길을 선택하게 하소서.
아버지 안에 더욱 담대한 내일이 되게 하소서.
주님을 믿음으로 오늘의 모든 두려움을 내려놓습니다.
평안을 누리게 하시고 주님과 함께 단잠 자게 하소서.
나의 주 예수 그리스도의 이름으로 기도합니다. 아멘!

16

오늘은 마음의 소원을
이루어가는 과정입니다

하나님 아버지,
오늘도 멋진 하루를 보내게 하신 아버지를 찬양합니다.
아주 작은 것들이지만, 그래도 무사히 지나가게 하시니 감사합니다.
어려운 일이 있었지만, 그래도 잘 극복하게 하시니 감사합니다.
내가 살아있는 것만으로도 멋진 하루임을 고백합니다.
하나님 안에 거하는 것보다 더 멋진 날은 없습니다.

오늘 실패한 것들을 주님의 손에 맡겨드립니다.
그리고 오늘 성공한 것들로 인해 주님을 찬양하고 기뻐합니다.
눈곱만큼의 작은 성공이라 하더라도 주님의 은혜입니다.
나의 작정함을 실천했다면 큰 성공을 이룬 줄 믿습니다.
대단한 것에 집착하지 말게 하소서.

아주 작은 티끌이 모여 산을 이루듯이
나의 작은 성공이 모여 인생을 만드는 줄 믿습니다.
오늘 나의 인생의 한 티끌을 더하였으니 기쁘고 감사합니다.

또 여호와를 기뻐하라
그가 네 마음의 소원을 네게 이루어주시리로다
(시 37:4).

실패의 경험도 성공의 일부이기에 그 배움에 감사합니다.
내 마음에 가진 소원을 이루어가는 과정 중에
오늘이 있음에 감사드립니다.
오늘 있었던 일들 위에 복을 주소서.

모든 일의 결과는 주님의 손에 있습니다.
그래서 오늘도 평안히 잠을 잘 수 있습니다.
모든 것이 주님의 손에 있음을 확신하기 때문입니다.
나의 힘이 아니라 주님의 힘으로 모든 것을 만져주소서.
나의 꿈이 되어주시는
예수 그리스도의 이름으로 기도합니다. 아멘!

17

가장 겸손한 모습으로
이 저녁을 맞이합니다

하나님 아버지,
오늘 하루를 보호해주심에 감사합니다.
지나고 보니 얼마나 부족했던 하루인지요.
오늘 하루 동안 지었던 모든 죄악을 주님 앞에 내려놓습니다.
나의 올바르지 못했던 언행을 용서하소서.
마음으로 지은 죄, 모르고 지었던 죄들까지 주여 용서하소서.

아버지께 나아가는 자는
모든 죄에서 자유를 누리는 줄 믿습니다.
비록 내일 다시 죄를 짓는다 하더라도
오늘은 오늘의 정결함을 누리게 하소서.
잠자리에 들기 전에 모든 부족함을 주님께 내려놓습니다.
혹 오늘 내 마음에 받은 상처가 있다면 치유하소서.
내가 원했던 대접이 아닌 대접을 받았다면
모든 기대를 내려놓게 하소서.

> 만일 우리가 우리 죄를 자백하면
> 그는 미쁘시고 의로우사 우리 죄를 사하시며
> 우리를 모든 불의에서 깨끗하게 하실 것이요(요일 1:9).

아버지 앞에 가장 겸손한 모습으로 이 저녁을 맞이합니다.
주님의 자녀로, 주님의 종으로,
가장 무능력한 모습으로 주님을 의지합니다.
나의 모든 잘못을 주님은 용서하시니
흰 눈보다 더 희게 하실 것을 믿습니다.
나의 모든 것이 되어주셔서 이 밤 나로 평안을 누리게 하소서.

내일은 오늘보다 더 나은 날이 될 것을 믿습니다.
나를 바라보지 않고 주님을 바라볼 때
내게는 언제나 소망이 가득합니다.
기대감을 가지고 잠들게 하소서.
죄로부터 자유를 누리고
주님의 품 안에서 안식하게 하소서.
나의 진리가 되시는
예수 그리스도의 이름으로 기도합니다. 아멘!

18

가족을 향해
선한 마음으로 기도합니다

하나님 아버지,
하루의 일과를 마치고 주님 앞에 나올 수 있는
은혜를 주시니 감사합니다.
하루 동안 속상한 모든 일을 주님 앞에 내려놓습니다.
나의 힘으로 해결할 수 없는 많은 일들이 있습니다.
괴로워도 끊을 수 없는 관계가 있고,
피하고 싶어도 피할 수 없는 사람이 있음을 고백합니다.
그런 관계 속에 아버지의 은혜가 필요합니다.

가족과의 갈등을 주님께 올려드립니다.
가장 사랑하기 원하지만
때로는 가장 상처받는 존재임을 고백합니다.
죄책감을 느끼고 다시 다가갔다가
또다시 상처받고 돌아서는 일들의 반복입니다.
아버지 도와주소서.

> 마른 떡 한 조각만 있고도 화목하는 것이
> 제육이 집에 가득하고도 다투는 것보다 나으니라
> (잠 17:1).

회사는 그만두면 되지만,
가족은 끊어낼 수 없으니 어찌해야 합니까.
오늘 하루 동안 가족에게 상처 준 일이 있다면 용서하소서.
나도 그들에게 그런 아픔이 되지 않게 도와주소서.
나는 아버지의 사랑을 받고 있으니
그 사랑으로 가족을 대하게 하소서.
주님의 시선으로 가족을 바라보게 하소서.
한없는 긍휼로 나를 용서하셨듯이 나도 그리하게 하소서.

오늘 저녁 가족을 향해 선한 마음으로 기도합니다.
그들의 마음속에 일하여 주시고
그들도 평안의 밤을 맞게 하소서.
가족이 있음에 감사한 저녁 되게 하소서.
가족이 있음에 내가 존재함을 감사하게 하소서.
나의 뿌리가 되시는 예수 그리스도의 이름으로 기도합니다. 아멘!

19

이 저녁에 주님을 향해
찬양합니다

나의 힘이 되시는 하나님 아버지,
아침에 일어나고 이제 자려고 하는 지금까지
지키신 아버지께 감사합니다.
오늘 하루 많은 일이 있었지만
그 일들 속에서 나를 인도하셨습니다.
나의 영혼이 주님을 찬양합니다.
주님만이 나를 존재하게 하십니다.

이 저녁에 내 영혼이 주님을 향해
모든 것을 바쳐 찬양합니다.
지금까지 나를 지키셨습니다.
모든 위험에서 나를 건지셨습니다.
가진 것 없는 나를 이렇게 있게 하셨습니다.
아버지만이 나의 모든 것이십니다.

오직 여호와를 앙망하는 자는 새 힘을 얻으리니
독수리가 날개 치며 올라감 같을 것이요 달음박질하여도 곤비하지 아니하겠고
걸어가도 피곤하지 아니하리로다(사 40:31).

따스한 잠자리를 주시고,
먹고 마실 음식을 주신 아버지 감사합니다.
오늘도 굶지 않고 잘 먹고,
잘 일하고, 잘 누우려 함에 감사합니다.
내가 지칠 때에 날마다 새 힘을 주소서.
내가 낙망할 때에 나로 새 소망을 갖게 하소서.
나의 모든 힘의 근원은 예수 그리스도입니다.

오늘 나의 영혼이 주님을 향해 달려갑니다.
주님을 힘껏 껴안고 잠자리에 듭니다.
잠자는 동안 소진된 나의 영혼을 채워주소서.
꿈에서라도 주님을 만나 기쁨을 누리게 하소서.
나의 주 예수 그리스도의 이름으로 기도합니다. 아멘!

20

세상의 죄뿐 아니라
하나님 앞의 죄를 회개합니다

하나님 아버지,
오늘도 주님 안에 살려고 몸부림치다 이 자리에 왔습니다.
나름 잘 살고 싶어서 애썼는데 마음만큼은 되지 않았음을 고백합니다.
더 사랑하고 싶었고, 더 친절하고 싶었습니다.
그러나 잘 되지 않았다 하더라도 내 마음의 중심을 기억하여 주소서.
나의 마음이 예수님을 닮기 위해 애썼음을 기억하여 주소서.

오늘도 내가 지었던 모든 죄악을 주님 앞에 내어놓습니다.
행함으로 지었던 죄, 마음으로 지었던 죄,
기억하지 못하는 죄까지 용서를 구합니다.
혹여 내가 생각하는 죄의 범위가
너무 윤리적이기만 한 건 아닌지 깨닫게 하소서.
하나님을 사랑하는 마음의 중심을 놓치고
세상 기준의 죄만 회개하지 않게 하소서.

내가 주께 범죄하지 아니하려 하여
주의 말씀을 내 마음에 두었나이다
(시 119:11).

주님으로부터 멀어진 것 자체가 죄임을 고백합니다.
내가 주님 앞에 범죄하지 않기 위해
주님을 향해 더욱 가까이 가게 하소서.
주님과 함께한다면 나의 사소한 실수들은
정말 작은 것임을 믿습니다.
내 중심이 언제나 주님을 바라보게 하소서.
주님의 말씀을 내 중심에 품고 살게 하소서.
나의 연약함을 주님께 내어놓을 때 나를 깨끗하게 하소서.

나를 사랑하시는 주님의 은혜로 오늘도 자유함을 얻습니다.
그리고 무엇보다 이 저녁에 주님께로 가까이 다가갑니다.
주님 안에서 가장 친밀한 교제를 나누게 하소서.
주님과 가까이하는 것이 내 삶의 가장 큰 기쁨입니다.
나의 주 예수 그리스도의 이름으로 기도합니다. 아멘!

21

오늘 나는
혼자가 아니었습니다

하나님 아버지,
나의 목자가 되셔서 나의 가는 길을 인도해주시니 감사합니다.
하루를 보내는 동안 아버지의 인도하심이 아니었다면
정말 힘들었을 것입니다.
내가 알든 모르든 나의 손을 붙잡고 계시는 주님을 찬양합니다.
오늘 나는 혼자가 아니었습니다.
주님이 나의 오른팔을 붙들고 계셨음에 감사를 드립니다.

언제나 나의 목자가 되어주소서.
내가 주님의 음성을 듣겠습니다.
매일 저녁 주님의 음성에 귀를 기울이게 하소서.
그래서 그 익숙한 주님의 음성이
아침에도 낮에도 내 마음에 들리게 하소서.
양은 목자의 음성을 안다 하셨으니 나도 그리하게 하소서.

> 여호와는 나의 목자시니 내게 부족함이 없으리로다
> 그가 나를 푸른 풀밭에 누이시며 쉴 만한 물가로 인도하시는도다
> (시 23:1-2).

오늘 거친 광야를 지나다가
이제 주님의 푸른 초장에서 잠들기 원합니다.
지금 바로 내 곁에서 나의 마음과 영혼을 품어주소서.
수고했다, 잘하였다, 괜찮다 말씀하여 주소서.
내가 너를 도울 것이다, 내가 해결해줄 것이다,
그러니 괜찮다 말씀하소서.
주님 도와주세요, 주님만이 하실 수 있어요,
내어 드리게 하소서.

이 잠자리가 나의 푸른 초장입니다.
숨 쉬게 하시고, 걱정을 내려놓게 하소서.
아버지의 손을 꼭 잡고 잠들게 하소서.
나의 안식처가 되시는
예수 그리스도의 이름으로 기도합니다. 아멘!

22

하나님의 자녀로
복음을 실천하게 하소서

사랑의 하나님 아버지,
하루를 잘 마감하게 하시니 감사합니다.
오늘 내가 받았던 호의와 사랑에 감사합니다.
오늘 내가 누렸던 사람들의 친절과 사랑에 감사합니다.
알게 모르게 사람들을 통해 격려를 받았습니다.
나를 도와줬던 사람들의 사랑이 있었습니다.

나를 둘러싸고 있는 많은 사람의 사랑에
오늘도 잘 지낼 수 있었음을 고백합니다.
나는 늘 부족하다 불평하지만,
얼마나 많은 사람의 도움으로 살아가고 있는지요.
오늘도 그런 하루였음에 감사를 드립니다.
내일은 나도 누군가에게 그런 사람이 되게 하소서.
나의 호의와 사랑으로 누군가에게 버틸 힘이 되게 하소서.

서로 돌아보아 사랑과 선행을 격려하며
모이기를 폐하는 어떤 사람들의 습관과 같이 하지 말고
오직 권하여 그날이 가까움을 볼수록 더욱 그리하자(히 10:24-25).

나의 솔선수범이 다른 사람들에게 전파되게 하소서.
복음을 알고 실천하는 아버지의 자녀의 삶이
사람들에게 드러나게 하소서.
내가 그리스도인인 것을 숨기고 싶은 것이
편하게 살고 싶은 마음 때문은 아닌지요.
복음을 부끄러워하지 않고 자랑스러워하는 자녀 되게 하소서.
내가 아버지의 자녀임을 기뻐하며 잠들기 원합니다.

감사하고 기뻐하는 하루의 마무리되게 하소서.
오늘 하루 종일 일하셨던 주님의 손길을 다시 기억합니다.
주님의 손안에서 오늘의 수고가 열매 맺는 날 되게 하소서.
이 밤에 주님과 함께 안식하게 하소서.
나의 주 예수 그리스도의 이름으로 기도합니다. 아멘!

23

사건 사고 없이 지나간 하루에
감사합니다

나의 하나님 아버지,
내가 들어가고 나가는 모든 것을 지키시는 아버지 감사합니다.
오늘도 오고 가는 모든 길을 안전하게 하셨습니다.
내가 모르고 지나간 위험들이 얼마나 많을지요.
때로는 오늘이 별로 좋은 날이 아니었다고 할 때가 있으나
실은 내가 생명을 건진 오늘일 수도 있음에 감사합니다.

모르고 지나간 무탈한 일상에 감사합니다.
사건 사고 없이 지나간 이 하루에 감사를 드립니다.
하루 종일 특별한 일이 없음에 감사합니다.
오늘 내가 이런 보호하심을 잊고 불평했다면 용서하소서.

오늘 하루 동안 기억해야 할 아름다운 것들이 생각나게 하소서.
오늘 하루 동안 지워야 할 고통과 아픔들을 잊어버리게 하소서.
망각의 은혜를 주셔서 상처를 되뇌지 않게 하소서.

여호와께서 너의 출입을
지금부터 영원까지 지키시리로다
(시 121:8).

이 저녁에 오직 감사한 것들과
하나님의 은혜들을 기억하며 잠들게 하소서.

내일을 주님께 부탁드립니다.
내가 잠자는 동안 오늘 있었던
모든 수고가 열매 맺게 도와주소서.
모든 열매가 아버지의 손에 있음을 믿습니다.
주님 안에 있는 기도 제목들이 응답받게 하소서.
나의 주 예수 그리스도의 이름으로 기도합니다. 아멘!

24

목자의 울타리 안에서
단잠을 자는 양처럼 지키소서

하나님 아버지,
오늘 하루도 안전하게 마무리하게 하시니 감사합니다.
아침부터 저녁이 되는 동안 많은 상황 속에 함께하시니 감사합니다.
예상치 못한 일들로 막막할 때에도 지혜를 주시니 감사합니다.
사람으로 인해 감정이 소용돌이칠 때도 잘 견디게 하시니 감사합니다.
모든 것이 아버지께로부터 오는 은혜입니다.

매일 반복되는 일상 속에 쉼이 없다 자주 투정하지만,
기도하는 이 저녁이 쉼이 되게 하소서.
하나님 앞에 나아가 나의 속상함과 근심을 털어놓게 하소서.
이 세상 어디에도 대안이 없을 때
하나님께는 가장 좋은 대안이 있는 줄 믿습니다.
하나님께서 내 삶의 모든 대안이 되어 주소서.
그래서 소망을 가지고 하루를 마무리합니다.

우리 주 예수 그리스도의 하나님,
영광의 아버지께서 지혜와 계시의 영을 너희에게 주사
하나님을 알게 하시고(엡 1:17).

이 하루 동안에 나에게 선함이 있었는지 돌아봅니다.
악함이 내 마음에 있어 때로 사람을 미워하였다면 용서하소서.
불평이 내심에 남아 거칠게 대했던 사람이 있다면 회개합니다.
지난 하루의 모든 잘못을 내려놓고 보혈로 나를 씻어 주소서.
다시 아버지의 선하심 앞으로 나아갑니다.

내 본래의 자리로 돌아오게 하소서.
늑대와 같이 싸우는 자리가 아니라
양이 되어 목자를 의지하는 자리로 돌아오게 하소서.
목자의 울타리 안에서 단잠을 자기 원합니다.
하나님의 지혜로 내일을 붙들어 주소서.
나의 예수 그리스도의 이름으로 기도합니다. 아멘!

25

나의 부족함을 인정하는
지혜를 주소서

하나님 아버지,
오늘도 안전하게 하루를 마감하게 하시니 감사합니다.
수많은 일이 있었지만,
아버지의 은혜로 하루를 지나게 되었습니다.
많은 선택의 순간에 위기를 느낍니다.
오늘 나의 선택이 옳은 것일지 확신이 없습니다.
그때마다 주님 나를 붙들어 주소서.

하루는 지나갔지만, 이 저녁에 나에게 지혜를 주소서.
오늘 나의 부족한 부분이 무엇이었는지 깨닫게 하소서.
그 부족함을 인정하는 지혜를 주소서.
그리고 내일은 아버지께서 주시는
하늘의 지혜로 다시 모든 것을 바라보게 하소서.
나의 감정으로, 나의 좁은 판단으로 바라보지 않게 하소서.

> 평안을 너희에게 끼치노니 곧 나의 평안을 너희에게 주노라
> 내가 너희에게 주는 것은 세상이 주는 것과 같지 아니하니라
> 너희는 마음에 근심하지도 말고 두려워하지도 말라(요 14:27).

오늘 만난 어려운 일들을 주님께 올려드립니다.
나는 해결할 능력이 없으니 주님께서 도와주소서.
낙심된 나의 마음을 일으켜주소서.
아주 작은 일에 덜컹하고 겁을 먹지 말게 하시고,
주님으로 인해 의연하게 하소서.
두려워하지 않고 아버지의 시선으로
모든 일을 바라보게 하소서.

어제와 오늘이 다르지 않음에 감사합니다.
그 평범함이 곧 평안함임을 믿습니다.
오늘 만난 어려움이 그렇게 큰일이 아니라는 사실을 믿습니다.
하나님 앞에 큰일은 없음을 믿고 주님께 맡겨드립니다.
나의 해결자 되시는
예수 그리스도의 이름으로 기도합니다. 아멘!

02

소망

여호와여 나의 종말과 연한이 언제까지인지 알게 하사
내가 나의 연약함을 알게 하소서
주께서 나의 날을 한 뼘 길이만큼 되게 하시매
나의 일생이 주 앞에는 없는 것 같사오니
사람은 그가 든든히 서 있는 때에도 진실로 모두가 허사뿐이니이다
주여 이제 내가 무엇을 바라리요 나의 소망은 주께 있나이다
(시 39:4-7).

26

하루를 사는 것이
사명인 것처럼 살게 하소서

나의 하나님 아버지,
고단한 하루를 마치고 주님 앞에 나아갑니다.
특별히 한 일도 없는 것 같은데 힘겨울 때,
때로 더 무기력해집니다.
나는 오늘을 잘 산 것인지, 의미 있는 하루였는지.
하나님께 나의 삶이 의미 있었을지요.
때로는 하루를 사는 것이 사명인 것처럼 살게 하소서.

특별할 것 없이 무료한 하루를 보냈을지라도
자부심을 갖게 하소서.
내가 살아가는 오늘 하루가
내 인생의 소중한 부분임을 인정하게 하소서.
하나님께서 주신 날입니다.
그날을 살아내고 이제 주님의 품에 안겨 휴식을 취합니다.
나의 수고하고 무거운 짐을 가지고 주님께 나아갑니다.

> 수고하고 무거운 짐 진 자들아
> 다 내게로 오라 내가 너희를 쉬게 하리라
> (마 11:28).

나에게는 무겁고 힘겨운 짐이지만,
주님께는 너무 가벼운 짐인 것을 믿습니다.
오늘이 대단한 가치가 있는 하루가 아니어도 괜찮습니다.
모두를 부르시는 아버지의 사랑을 믿고 나아갑니다.
나의 모든 일터에서의 스트레스를 지워주소서.
나의 모든 인간관계의 짐을 내려놓고 쉼을 얻게 하소서.

내가 하는 호흡 하나하나마다 성령님의 호흡이 되게 하소서.
악한 것을 내뱉고 선한 것을 마시며 이 저녁 안식하게 하소서.
주님이 부르시는 쉼으로의 초청에 응하여 그 품에 안깁니다.
나의 안식이 되시는
예수 그리스도의 이름으로 기도합니다. 아멘!

27

내일 다시
시도하겠습니다

선하신 하나님 아버지,
오늘도 하나님의 사랑으로 하루를 보호하심에 감사합니다.
하나님이 주신 많은 것이
나의 하루를 만들었음에 감사를 드립니다.
내가 누리고 있는 것들이
모두 주님의 손길로 주신 선물임을 믿습니다.
당연하다 여기지 않게 하시고 모든 순간 감사하게 하소서.

하루를 이끌어 주신 아버지의 은혜에 감사를 드립니다.
오늘도 선을 시도했으나 실패한 것들이 많았음을 고백합니다.
친절해지려 했으나 친절함이 부족했고,
사랑하려 했으나 사랑이 부족했습니다.
밝게 행동하려 했으나 때로 어두웠고,
판단을 멈추려 했지만 순간 정죄했습니다.
나의 모든 부족함을 예수 그리스도의 보혈로 씻어 주소서.
오늘 하루 지었던 모든 죄악을 용서하소서.

우리가 선을 행하되 낙심하지 말지니
포기하지 아니하면 때가 이르매 거두리라
(갈 6:9).

그러나 이런 작은 실패들로 인해
나의 마음이 실망하지 않게 하소서.
내일 다시 시도하겠습니다.
내일 다시 선한 아버지의 자녀되기 위해 더 애쓰겠습니다.
모든 순간 주님과 동행하며 살기 위해
더 기도하며 하루를 보내겠습니다.
오늘 시도했던 작은 성공들로 인해 기뻐합니다.

나에게는 주님이 계시니 실망할 필요가 없습니다.
언제나 나에게는 새로운 소망이 있음을 고백합니다.
그래서 지금은 어둠이 다가오는 저녁이지만,
해가 뜨는 새날처럼 기뻐합니다.
오늘도 나에게 선한 마음을 주시는
예수 그리스도의 이름으로 기도합니다. 아멘!

28

나의 결정과 태도가
복음적이게 하소서

하나님 아버지,
오늘 하루도 잘 마칠 수 있게 도우시니 감사합니다.
가정의 일이나 일터의 일이나 참 여러 가지 일이 있었습니다.
매일을 살면서도 정리하지 않고 밤을 맞았던 것을 고백합니다.
이 저녁에 하루를 잘 정리하게 하소서.
아버지의 뜻을 살피고 부족한 것들을 돌아보게 하소서.

어느 곳에서나 여호와 하나님만을 신뢰하기 원합니다.
그런데 살다 보면 자꾸 나의 판단과 결정에 의존하게 됨을 회개합니다.
말만 신앙적이지 나의 결정이 신앙적이지 못했음을 용서하소서.
내가 진짜 아버지의 자녀라면 나의 결정들이 복음적이게 하소서.
가족을 향하여 동료를 향하여 나의 태도가 복음적이게 하소서.

내 인생의 길만 인도해 달라고 기도했습니다.
그러나 내 인생의 길이 결국 오늘 내가 하는
사소한 결정들로 이루어짐을 깨닫게 하소서.

> 너는 마음을 다하여 여호와를 신뢰하고 네 명철을 의지하지 말라
> 너는 범사에 그를 인정하라 그리하면 네 길을 지도하시리라
> (잠 3:5-6).

이제 나의 결정을 인도해주소서.
나의 선택이 복음이 되게 하소서.
나의 가족 앞에서 하나님의 올바른 자녀가 되게 하소서.

이런 나의 부족함에도 불구하고
나를 사랑하시는 아버지로 인해 평안을 얻습니다.
아버지의 지혜와 명철을 의지하고 이 밤에 잠듭니다.
내일도 나의 길을 지도하실 주님을 신뢰합니다.
모든 순간 나의 결정을 인도해주시길 간절히 기도합니다.
나의 지혜가 되시는
예수 그리스도의 이름으로 기도합니다. 아멘!

29

주신 그날에 맞게
잘 살아가게 하소서

나의 하나님 아버지,
오늘도 선물로 주셨던 하루를 잘 마감했습니다.
시간이라는 선물, 사람이라는 선물에 감사합니다.
때로는 선물이 마음에 들지 않더라도
주신 분을 생각하며 감사를 드립니다.
혹여 알아보지 못한 선물이 있다면 빨리 알아채게 하소서.
하나님의 선물인데 혹 재앙이라 여겼던 것이 있다면
다시 돌아보게 하소서.

비가 오는 날도 있고 해가 뜨는 날도 있지만
어느 날이 좋을지는 모릅니다.
아버지께서 주신 그날에 맞게 잘 사는 법을 배우게 하소서.
오늘도 아버지께서 주신 날에 맞게 잘 살았는지요.
감사했는지요, 기뻐했는지요.

너희 염려를 다 주께 맡기라
이는 그가 너희를 돌보심이라
(벧전 5:7).

못마땅해하느라, 미워하느라 시간 낭비했다면 회개합니다.
괴로워하느라, 남의 흉보느라 보낸 하루를 회개합니다.
원망하느라, 낙심하느라 보낸 시간을 회개합니다.
내일은 더 감사하고, 기뻐하겠습니다.
내일은 더 칭찬하고, 힘을 내겠습니다.

내 힘의 근원이 되어 주소서.
이 밤에 잘 자고 일어나 새로운 마음과 힘을 얻게 하소서.
자는 동안에라도 주님을 만나게 하소서.
꿈에라도 주님과 동행하게 하소서.
나의 주 예수 그리스도의 이름으로 기도합니다. 아멘!

30

오늘 나에게 잘못했던 사람들을
용서합니다

용서의 하나님 아버지,
날마다 아버지의 사랑으로 하루를 보내게 하시니 감사합니다.
긴 하루를 보내고 아버지 앞에서 하루를 마감합니다.
오늘도 나의 모든 실수와 부족함을 용서하시는 아버지,
나의 말과 행동과 표정의 죄를 용서하소서.
내 마음을 숨기지 못하고 때로 악한 결정을 했던 것을 용서하소서.

나의 실수를 언제나 큰 사랑으로 감싸주시는 아버지 감사합니다.
그래서 하루를 살아갈 용기를 얻습니다.
내가 받은 그 사랑에 힘입어 나도 다른 사람을 용서하게 하소서.
오늘 나에게 잘못했던 사람들을 용서합니다.
사람들의 실수와 부족함을 용서합니다.

가까운 사람들의 말과 행동과 표정으로 상처받았다면
치유하여 주소서.
그들이 본의 아니게 했던 것들일 수 있음을 인정합니다.

너희가 사람의 잘못을 용서하면
너희 천부께서도 너희 잘못을 용서하시려니와
(마 6:14).

그들이 나에게 좋게 대했던 모든 순간을 다시 기억합니다.
그들의 모든 장점과 사랑스러움을 인정하고 받아들입니다.
그러니 작은 잘못 하나에 발끈하지 않게 하소서.

가장 넓은 품으로 나를 용서하신 아버지로 인해
오늘도 평안히 잠을 잡니다.
나를 용서의 품 안에서 안식하게 하소서.
그리고 오늘 내가 받았던 상처와 아픔을 가지고
그 사랑에 녹여내게 하소서.
큰 사랑으로 받은 용서만큼
나도 용서하고 자유하게 하소서.
나를 위해 죽으신
예수 그리스도의 이름으로 기도합니다. 아멘!

31

오늘 하루 내가 누렸던
모든 것에 감사합니다

하나님 아버지,
오늘도 나의 모든 것을 공급하신 아버지께 감사합니다.
먹을 것과 쓸 것을 이미 주셨습니다.
마음에는 모든 것이 부족한 것 같지만
사실 이미 가진 것이 많음을 기억합니다.
내가 가진 것에 먼저 감사합니다.
필요한 것을 공급해주신 아버지를 찬양합니다.

내가 가지고 싶었던 것들이 나의 욕심이 아닌지 돌아봅니다.
지금의 자리도 좋은데 더 높은 자리를 탐낸 것은 아닌지요.
지금 타는 것도 좋은데 더 좋은 것을 타고 싶어 한 건 아닌지요.
지금 곁에 있는 사람도 좋은 사람인데
더 잘해주길 기대한 것은 아닌지요.
내가 너무 편한 것만을 갈구하고 있다면 회개합니다.

나의 하나님이 그리스도 예수 안에서 영광 가운데
그 풍성한 대로 너희 모든 쓸 것을 채우시리라
(빌 4:19).

어쩌면 이미 더 좋은 것을 주셨는데,
이미 하나님의 배려로 더 나은 것을 누리고 있을지도 모르는데,
지금의 것들이 다 당연한 것이고 더 나은 것만 보고 있지 않은지요.
오늘 하루 내가 누렸던 모든 사람과 물건과 상황에 감사합니다.
하루를 지내면서 홀대했던 것들이 있다면 용서하소서.

모든 것에 감사합니다.
모든 상황에 감사합니다.
모든 사람에 감사합니다.
무엇보다 아버지가 나의 하나님이심에 감사를 드립니다.
감사로 가득한 마음으로 잠들게 하소서.
나의 주 예수 그리스도의 이름으로 기도합니다. 아멘!

32

주님이 부르신 곳에
머무르는 것이 예배입니다

창조의 하나님 아버지,
오늘 만난 모든 만물에 감사와 찬양을 드립니다.
힘들고 어려울 때 하늘 한 번 바라보는 것이 얼마나 위로가 되는지요.
일터로 향하는 무거운 발걸음에 들리는 새소리가 작은 소망을 줍니다.
얼굴을 씻어주는 바람이 복잡한 근심을 덜어줍니다.
하나님이 주신 모든 자연 만물로 인해 감사를 드립니다.

하루를 지나며 하나님이 만드신 사람들을 통해
얻은 위로에 감사드립니다.
사람을 통해 상처도 받지만,
결국 사람을 통해 다시 일어남을 믿습니다.
나도 하나님이 만드신 위대한 작품인 것을 믿습니다.
아버지의 작품으로 산 이 하루를 주님께 올려드립니다.
부족한 것은 많지만 최선을 다한 하루입니다.

하늘이 하나님의 영광을 선포하고
궁창이 그의 손으로 하신 일을 나타내는도다
(시 19:1).

매일이 예배가 되게 하소서.
일하며 지나간 모든 순간이 나의 기도이며 예배입니다.
때로는 아버지를 기억조차 못하고 지났지만
내 마음의 중심을 받아주소서.
주님이 부르신 그곳에서 존재함이 예배가 됨을 믿습니다.
모자라면 모자란 대로 주님을 찬양합니다.

오늘 하루 동안 더 많은 만물을 돌아보지 못함을 용서하소서.
내일은 하나님의 창조물로 가득 찬 이 세상을 돌아보게 하소서.
그리고 감사하며 찬양하는 하루 되게 하소서.
나의 일과 문제에 함몰된 나를 오늘 건져 평안케 하소서.
나에게 안식 주시는
예수 그리스도의 이름으로 기도합니다. 아멘!

33

내일의 염려에서 자유하게 하소서

미래의 하나님 아버지,
모든 시간의 주관자 되신 아버지 감사합니다.
오늘이라는 시간을 주셨습니다.
현재에 충실하려고 노력했으나 부족했던 것을 회개합니다.
미래의 걱정 때문에 오늘의 시간을 낭비했다면 용서하소서.
미래의 근심을 다 내려놓고 이 저녁 평안을 구합니다.

현재의 선물을 소중히 여기게 하시고,
미래의 선물은 그때 받게 하소서.
미래를 고민하느라 현재의 선물을 홀대하지 말게 하소서.
오늘이 나에게 가장 중요한 날이었습니다.
내일은 모든 시간에 감사하고 최선을 다하겠습니다.
오늘 나에게 주신 선물을 풀어보듯
내일 만나는 오늘을 기뻐하겠습니다.

> 그러므로 내일 일을 위하여 염려하지 말라
> 내일 일은 내일이 염려할 것이요
> 한 날의 괴로움은 그날로 족하니라(마 6:34).

나의 모든 미래는 주님의 손안에 있습니다.
하나님의 손안에서 나는 새로운 길을 얻을 것입니다.
내가 계획할지라도 하나님께서 허락하지 않으시면
열리지 않을 길입니다.
가장 먼저 주님과 상의하게 하소서.
하나님의 뜻을 구하게 하소서.

이 저녁에 주님의 품 안에서 안식합니다.
나의 모든 호흡과 생각과 마음과 뜻을 주님께 맡겨드립니다.
내일의 염려에서 자유하게 하소서.
하나님을 신뢰하는 만큼 자유를 누리고
단잠 자는 저녁 되게 하소서.
나의 길 되시는
예수 그리스도의 이름으로 기도합니다. 아멘!

34

죄가 깨끗이 씻김 받고
내일은 새로운 날입니다

인자하신 하나님 아버지,
나의 사는 모든 길의 실수를 용서하시는 아버지 감사합니다.
오늘 하루 동안 베푸신 주님의 은혜가 끝이 없습니다.
돌아보면 얼마나 많은 후회가 있는지 모릅니다.
왜 말을 그렇게 해서 불편한 마음을 버리지 못하는지요.
나의 입술을 용서하소서.

순간 나의 이기심을 이기지 못하고 물욕을 부렸던 것을 용서하소서.
하나님이 주시면 언제든 가질 수 있는 것에 소탐대실하였습니다.
너그럽지 못한 마음을 가져 오히려 불편해졌음을 고백합니다.
그저 용서하였다면, 그저 내어놓았다면,
그저 좋은 말을 했다면 좋았을 것입니다.
똑같은 실수를 반복하였으나 주님의 긍휼을 구합니다.

> 하나님이여 주의 인자를 따라 내게 은혜를 베푸시며
> 주의 많은 긍휼을 따라 내 죄악을 지워주소서
> 나의 죄악을 말끔히 씻으시며 나의 죄를 깨끗이 제하소서(시 51:1-2).

더 많은 실수를 덮어주신 아버지께 감사합니다.
숨겨진 잘못도 주님께 용서를 구합니다.
그러나 좌절하지 않는 것은
주님이 나의 참된 위로자 되시기 때문입니다.
나의 죄가 깨끗이 씻김 받고 내일 새로운 날을 맞이할 것입니다.
나의 힘이 되신 주님이 나의 참된 도움이심에 기뻐합니다.

주님의 한결같은 은혜가 나에게 제일 큰 소망입니다.
그래서 오늘도 잘 자고 내일도 잘 일어나 다시 달려가겠습니다.
오늘 쉬는 동안 하나님의 사랑으로 재충전하게 하소서.
아버지의 사랑을 가지고 세상을 향해 달려가겠습니다.
나의 소망이신
예수 그리스도의 이름으로 기도합니다. 아멘!

35

날마다 예수 그리스도를
닮아가기 원합니다

하나님 아버지,
오늘 하루도 주님 안에서 승리하게 하시니 감사합니다.
아버지 안에서는 실패가 없으며 낙심이 없는 것을 믿습니다.
주님의 자녀로 때로는 부족함이 있었지만,
작은 승리들도 있음을 믿습니다.
나의 작은 선행이 누군가에게는 위로가 되었음을 믿습니다.
나의 따뜻한 눈길이 누군가에게 힘이 되었음을 믿습니다.

예수 그리스도를 닮아가기 원합니다.
오늘 주님의 눈길을 닮았다면
내일은 주님의 손을 닮게 하소서.
오늘 주님의 선함을 닮았다면
내일은 주님의 열심을 닮게 하소서.
날마다 조금씩 전진하며 조금씩 승리하는 내가 되게 하소서.
나의 가는 모든 길이 주님의 손에 있음을 믿고 감사드립니다.

> 우리 주 예수 그리스도로 말미암아
> 우리에게 승리를 주시는 하나님께 감사하노니
> (고전 15:57).

나의 모든 승리는 예수 그리스도로 말미암음을 찬양합니다.
주님이 나의 주인이심을 찬양합니다.
나는 하나님의 늘어난 손이 되어 이 땅을 살 것입니다.
아버지의 뜻을 받아 실천하는 자녀 되게 하소서.
오늘의 작은 승리가 내일은 조금 더 큰 승리가 되게 하소서.

아버지를 바라보며
세상의 기준이 아닌 주님의 기준으로 살겠습니다.
이 저녁에 주님과의 만남이 나에게 가장 큰 힘이 됩니다.
나의 기도를 들으소서.
주님의 음성을 듣게 하소서.
오늘 주님과 꿈속에서 대화하며 안식을 얻게 하소서.
나의 주 예수 그리스도의 이름으로 기도합니다. 아멘!

36

아버지와의 만남이
내일을 사는 힘이 됩니다

하나님 아버지,
하루를 간신히 마무리하고 주님 앞에 앉습니다.
힘든 하루였습니다.
사람은 많았지만 외로웠고, 할 일은 많은데 두려웠습니다.
내가 그 모든 것을 감당할 수 있을지 자신이 없었습니다.
오직 주님만을 의지하여 주님 앞에 나아갑니다.

여호와는 마음이 상한 자를 가까이하신다 하셨으니
지금 나에게 오소서.
이 저녁에 주님이 필요합니다.
위로의 하나님 앞에 나아갑니다.
담대하게 하시는 주님의 은혜를 구합니다.
나의 한계를 뛰어넘으시는 주님을 기대합니다.

여호와는 마음이 상한 자에게 가까이 하시고
충심으로 통회하는 자를 구원하시는도다
(시 34:18).

사람은 나를 끝까지 사랑하지 않아도
주님은 끝까지 지키십니다.
인간은 실수하고 실패해도
주님은 실수가 없으신 분입니다.
그 하나님을 의지하여 내일 살아갈 힘을 얻습니다.
이 저녁에 아버지와의 만남이 내일을 사는 힘이 될 줄 믿습니다.
오늘의 모든 짐을 내려놓습니다.

빈 속으로 주님의 품에 안깁니다.
나를 치유하시고, 위로하시고, 새 힘을 공급하여 주소서.
하루 종일 있었던 모든 일을 주님께 토로합니다.
나를 정결하게 하시고, 새날을 맞을 힘을 주소서.
나의 주 예수 그리스도의 이름으로 기도합니다. 아멘!

37

오늘 만난 이들에게
하나님의 위로가 임하게 하소서

하나님 아버지,
오늘도 귀한 만남들과 은혜에 감사를 드립니다.
지금 당장은 무엇이 나에게 유익한 것인지 잘 알지 못합니다.
그러나 하나님의 섭리 가운데서
모든 일이 일어남을 믿습니다.
오늘의 만남에 복을 주소서.
아름다운 관계, 선한 관계가 될 수 있도록 인도하여 주소서.

오늘 만났던 모든 사람의 상황을 알지 못하나
그들을 위해 기도합니다.
이 저녁에 그들에게 하나님의 위로가 임하게 하소서.
내게 보이는 것만으로 그들을 판단하지 않게 하소서.
그저 마음에 와닿는 대로만 판단했던 것을 용서하소서.
아버지의 시선으로 그들을 다시 바라보게 하소서.

> 사랑하는 자들아 우리가 서로 사랑하자
> 사랑은 하나님께 속한 것이니 사랑하는 자마다
> 하나님으로부터 나서 하나님을 알고(요일 4:8).

하루 종일 내가 받았던 사랑에 감사합니다.
내가 잘하지 않았는데
내게 잘해줬던 사람들로 인해 감사합니다.
내일은 나도 꼭 나에게 잘하지 않는 사람에게도 잘하게 하소서.
사람이 하나님의 선물임을 깨달아 알게 하소서.
오늘의 모든 만남으로 인해
감사한 마음으로 잠들기 원합니다.

모든 것을 다 잊고 아버지의 품에 잠들게 하소서.
하나님이 주시는 강력한 평안으로 나를 다독여 주소서.
참된 안식을 얻게 하소서.
아버지로 인해 모든 엉켰던 것들이 풀릴 줄을 믿습니다.
나의 주 예수 그리스도의 이름으로 기도합니다. 아멘!

38

내일은 말씀의 재료로
하루를 만들기 원합니다

나의 하나님 아버지,
오늘도 주님의 말씀으로 나를 인도하심에 감사를 드립니다.
내 마음에 기억나는 말씀들이 나에게 힘이 됩니다.
매일 아침마다 한 구절이라도 말씀을 읽게 하소서.
그리고 그것이 나의 하루를 주장할 수 있게 하소서.
내일 아침에는 말씀의 재료로 하루를 만들기 원합니다.

주님의 말씀이 내 발에 등불이 됨을 믿습니다.
나도 나를 알지 못하지만, 주님은 나를 아십니다.
오늘 내가 잘 살았는지요?
오늘 나에게 부족한 것은 무엇이었는지요?
이 기도의 시간에 깨닫게 하소서, 알게 하소서.

저녁이 되어서야 반성하지 말게 하시고
낮에도 주를 기억하게 하소서.
잠자리에 들 때만 주님을 기억하지 말게 하소서.

주의 말씀은
내 발에 등이요 내 길에 빛이니이다
(시 119:105).

모든 순간 모든 선택 앞에
1초라도 주님을 기억하게 하소서.
때로는 작은 선택이
나의 인생을 좌우할 때가 있음을 압니다.
작은 선택들 앞에 기도하게 하소서.

오늘 하루 동안 잘못됐던 것이 있다면
주님께서 바로잡아주소서.
나의 부족함을 주님의 능력으로 채워주소서.
나의 가족과 일터와 모든 곳을
주님께서 동행하여 주시니 감사합니다.
이 잠자리에도 동행하시는 주님을 믿습니다.
예수 그리스도의 이름으로 기도합니다. 아멘!

39

아버지의 보좌 앞에 앉아
모든 고갈을 채웁니다

응답의 하나님 아버지,
모든 구하는 것들에 귀 기울이시는 아버지 감사합니다.
하루 동안 나의 필요를 채우신 아버지 감사합니다.
기도할 수 있게 하시고,
간구할 수 있게 하시니 감사합니다.
오늘 하루 지혜가 부족했습니다.
아버지의 풍성하신 지혜를 허락하소서.

오늘 하루 사랑이 부족했습니다.
아버지의 넘치는 사랑을 나에게 허락하소서.
그래서 내가 받는 데만 그치지 않고
내일은 그것을 흘러넘치게 하겠습니다.
나의 사랑으로는 턱없이 부족합니다.
아버지의 사랑을, 아버지의 마음을 채워주소서.

> 하나님이여 사슴이 시냇물을 찾기에 갈급함같이
> 내 영혼이 주를 찾기에 갈급하니이다
> (시 42:1).

오늘 하루 참 지치는 날이었습니다.
체력도 부족하지만, 마음도 고갈됨을 느낍니다.
주를 앙망하는 자는 피곤치 않다 하셨으니
내가 주님을 바라봄으로 힘을 얻게 하소서.
내 마음의 모든 갈급함도 주님께서 채워주실 줄 믿습니다.
이 저녁에 나의 모든 결핍을 채우기 위해 주님께 나아갑니다.

아버지의 보좌 앞에 앉아 나의 모든 고갈을 채웁니다.
아버지의 눈길이 내게 머물게 하소서.
내가 설명하지 않아도
모든 것을 치유하시는 주님 앞에 머뭅니다.
주님과 하나 되는 저녁 기도의 시간 되게 하소서.
나의 힘이 되시는
예수 그리스도의 이름으로 기도합니다. 아멘!

40

나의 언어가 세우는 말이었는지
돌아보게 하소서

말씀의 하나님 아버지,
온 만물을 창조하신 아버지 감사합니다.
아버지의 언어는 모든 것을 만드는 능력이 되십니다.
오늘 하루를 살면서 그 말씀의 은혜로
하루를 버틸 수 있음에 감사를 드립니다.
주일에 들었던 설교를 통해서,
아침에 읽었던 말씀을 통해서 힘 주시니 감사합니다.
찬양을 듣다 와닿은 구절들과
마음에 떠올랐던 말씀들로 힘을 얻습니다.

오늘 나의 언어는 아버지를 닮아있는지요.
사람을 살리는 언어를 썼었는지요.
아니면 사람들을 낙담케 하는 말을 했었는지요.
오늘 나의 언어가 일을 세우는 말을 했는지 돌아봅니다.
나의 허탄했던 언어를 회개합니다.

> 너희 말을 항상 은혜 가운데서 소금으로 맛을 냄과 같이 하라
> 그리하면 각 사람에게 마땅히 대답할 말을 알리라
> (골 4:6).

내가 누군가에게 던졌던 말이
그 사람에게 상처가 되지 않게 도와주소서.
누군가를 통해 들린 말이
나에게도 상처로 남지 않게 도와주소서.
오늘 나의 입술을 예수 그리스도의 보혈로 씻어주소서.
그 말이 나오게 하는 나의 악한 마음을 씻어 주소서.
다시 예수님의 사랑으로 나의 마음과 입술을 채워주소서.

오늘 힘이 되었던 말들을 기억하고,
상처가 되었던 말들을 잊어버립니다.
내일은 힘이 되는 말만 하게 하시고,
상처를 주는 자 되지 않게 하소서.
이 저녁에 감사로 가득 채웁니다.
모든 주님의 은혜에 감사합니다.
나의 주 예수 그리스도의 이름으로 기도합니다. 아멘!

41

질타와 비난의 목소리를
잊어버리게 하소서

사랑의 하나님 아버지,
오늘도 하루 종일 지켜주신 아버지의 사랑에 감사드립니다.
많은 사랑을 받은 하루였음을 고백합니다.
사랑하는 가족들이 있어 나의 뿌리가 되어줌에 감사합니다.
내가 만나는 사람들을 통해
따뜻한 미소를 받게 하시니 감사합니다.
돌아보면 얼마나 많은 사람의 도움을 받고 사는지요.

하루 종일 감사할 일이 너무 많았음을 고백합니다.
내가 얼마나 소중한 존재인지 이 저녁에 다시 기억합니다.
세상 무엇보다 나를 소중히 여기시는
그 하나님의 품 안에서 안식합니다.
사람들의 질타를 잊어버리게 하소서.
내가 아무것도 아니라는
비난의 목소리를 기억하지 말게 하소서.

새 계명을 너희에게 주노니 서로 사랑하라
내가 너희를 사랑한 것 같이 너희도 서로 사랑하라
(요 13:34).

너는 나의 것이다.
내가 너를 사랑한다.
나의 아들을 주고라도 너를 건졌다.
너는 나의 작품이다.
내가 너를 지킬 것이다.
말씀하소서.

주님의 품 안에서 나는 가장 안전합니다.
하루의 모든 넘치는 사랑을 기억합니다.
하루의 모든 아픔을 던져버립니다.
나에게 안전한 단잠을 허락하소서.
나를 위해 죽으신
예수 그리스도의 이름으로 기도합니다. 아멘!

42

하나님이 곁에 계셔서
안전한 저녁을 맞이합니다

동행의 하나님 아버지,
오늘 아침에도 함께하신 아버지 감사합니다.
하루 종일 내가 가는 곳마다
먼저 가 계셔주신 주님을 찬양합니다.
나의 모든 선택의 순간 나의 곁에 계신 주님을 신뢰합니다.
오늘 나의 섰던 자리와 가는 길과
앉은 자리에 함께하심을 믿습니다.
그 하나님의 손을 잡고 하루를 보내게 하시니 감사합니다.

하나님이 곁에 계셔서 안전한 저녁을 맞이합니다.
하루를 돌아보며 넘치는 감사를 드립니다.
작은 것 큰 것 할 것 없이 모든 것이 은혜입니다.
나의 실수를 덮어주신 아버지 감사합니다.
나의 성공을 기뻐하신 아버지 감사합니다.

> 사무엘이 돌을 취하여 미스바와 센 사이에 세워 이르되
> 여호와께서 여기까지 우리를 도우셨다 하고
> 그 이름을 에벤에셀이라 하니라(삼상 7:12).

내 마음속의 껄끄러운 모든 마음을 내려놓습니다.
하나님의 은혜 속에 깊이 빠져듭니다.
주님 안에 큰 호흡을 하며 안식합니다.
지금 이 방 안에도 함께하시는 주님을 찬양합니다.
나의 곁에서 떠나지 마소서.

주님 안에서 깊은 잠을 청합니다.
나의 꿈에도 동행하여 주소서.
주님과 함께하는 소풍 같은 저녁 되게 하소서.
나의 주 예수 그리스도의 이름으로 기도합니다. 아멘!

43

하나님이 주신
건강을 감사합니다

나의 하나님 아버지,
오늘 나의 모든 건강을 지키시니 감사합니다.
걸을 수 있음에 감사합니다.
볼 수 있음에 감사합니다.
먹을 수 있고, 말할 수 있음에 감사드립니다.
잃어버린 다음에 아쉬워하지 않겠습니다.

하나님이 주신 모든 건강으로 인해 감사드립니다.
그 건강으로 오늘 일할 수 있었고
사람들을 만날 수 있었습니다.
내일도 이 건강 지켜 주소서.
주님이 주신 건강을 잘 관리할 수 있는 부지런함을 주소서.
주신 것을 잘 돌보는 성실함을 허락하소서.

오늘도 우리 가족에게 건강 주시니 감사합니다.
일상을 보낼 수 있었음에 감사합니다.

그가 너를 위하여 그의 천사들을 명령하사
네 모든 길에서 너를 지키게 하심이라
(시 91:11).

혹여 오늘 내가 누리는 것들을 잊고 불평했다면 용서하소서.
내가 오늘 감사하는 삶을 살지 못했다면 용서하소서.
하나님 안에서 더 감사하고 더 기뻐하겠습니다.

내일을 축복하소서.
내일 벌어질 일들을 나는 알지 못하지만,
하나님께서는 아십니다.
그 모든 일 속에 하나님께서 지켜주소서.
나를 둘러싼 아버지의 보호하심을 믿고 잠듭니다.
나의 힘이 되시는
예수 그리스도의 이름으로 기도합니다. 아멘!

44

오늘 하루의 수고를
주님께 올려드립니다

선하신 하나님 아버지,
오늘 하루도 나를 지켜주신 아버지 감사합니다.
얼마나 많은 만남과 헤어짐, 사건들이 있었는지요.
그 많은 일 속에서 오늘의 저녁을 맞게 하신
은혜에 감사를 드립니다.
하루가 너무 길었습니다.
이 피로가 주님 안에서 모두 사라지게 하소서.

하루 동안 지었던 모든 죄를 회개합니다.
필요 이상 날카로웠다면 다시 온유하게 하소서.
작은 일에 분노하였다면 마음을 진정하게 하소서.
주님 안에서 뭐가 그리 큰일이었는지 돌아봅니다.
주님 안에서는 아무것도 아님을 고백합니다.

괜찮다, 괜찮다.
나의 어깨를 두드리는 주님의 손길을 느낍니다.

> 실로 내가 내 영혼으로 고요하고 평온하게 하기를
> 젖 뗀 아이가 그의 어머니 품에 있음 같게 하였나니
> 내 영혼이 젖 뗀 아이와 같도다(시 131:2).

수고했다 말씀하시는 주님의 음성을 듣습니다.
아무것도 한 일이 없는 것 같지만 오늘을 살아냈습니다.
오늘 하루의 수고를 주님께 올려드립니다.
삶이 예배가 되고 싶었던 몸부림을 주님께 올려드립니다.

아버지의 선하심에 모든 것을 맡겨드립니다.
그리고 해석되지 않은 모든 일들을
주님께 올려드립니다.
평안의 잠을 이루게 하소서.
주님의 품 안에서 잠들게 하소서.
선하신 나의 주
예수 그리스도의 이름으로 기도합니다. 아멘!

45

주님의 은혜로
다른 사람을 조금 더 사랑할 수 있습니다

나의 하나님 아버지,
오늘 밤에도 주님과 동행하게 하시니 감사합니다.
하루를 잘 마치고 주님 앞에 앉게 하시니 감사합니다.
오늘 일을 다 마치고
잠자리에 들 수 있으니 감사를 드립니다.
하루 동안 있었던 모든 일을 아시는 주님께 나아갑니다.
나를 지키시고 인도하신 이 하루에 감사를 드립니다.

나의 말과 행동이 나의 것이 아닌데 그리했던 것을 회개합니다.
내 생각과 나의 판단이 가장 옳은 것인 것처럼
착각했던 것을 용서하소서.
무슨 일을 하든, 말이나 일이나
주님의 이름으로 하지 못함을 회개합니다.
내일은 조금 더 주님을 기억하겠습니다.
나에게 일어나는 작은 일들이
모두 의미 있는 일임을 기억하겠습니다.

> 또 무엇을 하든지 말에나 일에나
> 다 주 예수의 이름으로 하고 그를 힘입어
> 하나님 아버지께 감사하라(골 3:17).

그러나 오늘 잘 살았던 것도 많음을 고백합니다.
조금 더 인내하려고 노력했고,
조금 더 친절해지려고 했습니다.
주님으로 인해 내가 다른 사람을
조금 더 사랑할 수 있었습니다.
아버지께 받은 사랑이 너무 커서 그것을 나눌 수 있었습니다.
모든 것이 주님의 은혜입니다.

오늘의 작은 성공과 오늘의 작은 실패가
모두 유익함에 감사합니다.
주님 안에서 모든 것이 아름다운 열매를 맺을 것을 믿습니다.
내일은 모든 일에 주님의 이름이 더 빛나길 소망합니다.
오늘보다 나은 내일을 기대하며 깊은 잠에 들게 하소서.
나의 주 예수 그리스도의 이름으로 기도합니다. 아멘!

46

내일도 내 손을 잡고
길잡이 해주소서

하나님 아버지,
나의 가는 길을 인도하시는 아버지 감사합니다.
오늘 나의 길이 내가 목적했던 방향이 아닌 듯해도
감사를 드립니다.
나의 인생길이 직선이 아님을 받아들입니다.
하나님의 인도하심을 따라가는 광야의 길은 곡선임을 인정합니다.

그래서 내가 자로 잰 듯 달려가지 않아도 괜찮습니다.
나의 길을 책임지시는 분이 하나님이시기에 괜찮습니다.
나의 가는 길이 아버지 앞에 다 의미 있음에 감사합니다.
내가 계획한 길에 의지하지 않고
주님의 길에 의지하게 하소서.
나의 지혜에 의지하지 않고
주님의 지혜에 의지하게 하소서.
나의 정답을 찾지 말고
주님의 정답을 찾는 마음 갖게 하소서.

그러나 내가 가는 길을 그가 아시나니
그가 나를 단련하신 후에는
내가 순금같이 되어 나오리라(욥 23:10).

오늘이라는 시간도
아버지께서 인도하신 길을 가는 중임을 믿습니다.
길의 과정 가운데 웅덩이도 만나고,
비도 만나지만 괜찮습니다.
나는 아버지께서 인도하신 길을 가는 중입니다.
가는 중에 실망하지 않게 하소서.
가는 중에 판단하지 말게 하소서.

오직 주님만이 나의 길이요 진리이십니다.
오늘 주님과 손잡고 하룻길을 왔습니다.
주님의 품 안에서 단잠을 자겠습니다.
내일 또 내 손을 잡고 일어나 길잡이를 해주소서.
나의 주 예수 그리스도의 이름으로 기도합니다. 아멘!

47

주님 안에서는
버릴 것이 하나도 없습니다

하나님 아버지,
오늘 하루를 안전하게 마감하게 하시니 감사합니다.
여러 가지 위기가 있었지만,
알게 모르게 보호하여 주심에 감사드립니다.
혹여 모르고 지나간 시험이 있다면 다시 기억나게 하소서.
나의 마음이 항상 아버지 앞에 있어
주님 안에 선한 선택을 하기 원합니다.
그래서 모든 어려움 앞에서도 의연하게 하소서.

주님 안에서 버릴 것이 하나도 없음을 고백합니다.
아버지께서 주시는 서프라이즈와 같은 선물만이 귀한 것이 아니라,
서프라이즈처럼 다가온 어려움도 선물인 것을 인정합니다.
세상의 선물은 나의 원함과 필요를 채우지만,
주님의 선물은 나의 내면을 아름답게 하는 것임을 믿습니다.

> 내 형제들아 너희가 여러 가지 시험을 당하거든 온전히 기쁘게 여기라
> 이는 너희 믿음의 시련이 인내를 만들어내는 줄 너희가 앎이라
> (야 1:2-3).

오늘도 어려운 일을 만날 때 주님의 도우심으로 잘 견뎠습니다.
내일도 만날 어려움이 있다면 견딤을 넘어서 감사하게 하소서.
모레도 만날 어려움이 있다면 감사를 넘어서 기뻐하게 하소서.
이 밤에 주님과 동행하며 인내에서 기쁨으로
갈 수 있는 힘을 공급받게 하소서.
주님이 내 안에 계셔야 가능한 일입니다.

이해할 수 없는 오늘의 모든 짐을 주님께 맡겨드립니다.
머리가 아니라 마음으로 주님을 의지하고 주님께 나아갑니다.
내 영혼의 안식을 허락하시고,
평안히 잠잘 수 있는 능력을 주소서.
잠자는 것도 능력임을 고백합니다.
나의 능력이 되시는
예수 그리스도의 이름으로 기도합니다. 아멘!

48

내 능력을 넘어서는 일에도
동행하여 주소서

하나님 아버지,
부족한 것이 많은 나에게 소중한 날을 주신 아버지 감사합니다.
하나님의 은혜로 하루를 잘 보내게 하신 것에 감사드립니다.
오늘 나에게 주어진 일들을 잘 감당하게 하시니 감사합니다.
무엇을 하든지 날마다 나의 도움이 되어 주소서.
오늘의 모든 영광을 주님께 올려드립니다.

때로는 내가 감당하기 어려운 일들을 만납니다.
그럴 때마다 얼마나 당황스러운지요.
걱정되고, 생각이 머리에서 떠나지 않습니다.
나의 능력을 넘어서는 일을 만날 때
주님 나와 동행하여 주소서.
작은 일에도 주님을 의지하여 성실하게 하소서.

내일 내가 감당할 수 없는 일을 만날 때
주님을 기억하게 하소서.

내게 능력 주시는 자 안에서
내가 모든 것을 할 수 있느니라
(빌 4:13).

오늘 내가 감당했던 일들을 생각하며
용기를 갖게 하소서.
오늘의 나에게 칭찬하고
내일의 나에게 용기를 주소서.
주님과 함께라면 어떤 것도 감당할 수 있다는
믿음으로 잠이 듭니다.
내가 부족한 만큼 가득 채우실 주님의 능력을 믿습니다.

어차피 나는 약한 자입니다.
어차피 나는 능력이 부족합니다.
사나운 늑대가 되려고 몸부림치지 않고,
양이 되어 목자와 함께하게 하소서.
혼자 싸우는 늑대보다 목자가 있는 양이 나음을 믿고 의지합니다.
나의 목자 되시는 예수 그리스도의 이름으로 기도합니다. 아멘!

49

주님보다 한발 앞서 나간
조급함을 회개합니다.

주 나의 하나님 아버지,
하나님이 나의 주인이십니다.
아버지의 구원의 은혜로 매일을 살고 있음을 고백합니다.
내가 주님을 찬양하고 찬양합니다.
오늘 하루가 어떠했든지 나는 주님을 찬양합니다.
패잔병과 같은 마음으로 저녁을 맞이했다 해도
나는 주님을 찬양합니다.

마병을 예비하거니와 이김은 주님께 있다 했습니다.
수많은 말과 병사가 가득하여도
주님이 이김을 주셔야 가능한 일입니다.
오늘 나는 성실하게 마병을 준비했는지요.
하나님의 하나님 되심을 명확히 알고 맡겨드렸는지요.
하나님이 일하셔야 할 때 내가 나서지는 않았는지요.

싸울 날을 위하여 마병을 예비하거니와
이김은 여호와께 있느니라
(잠 21:31).

내 경험이 다인 것처럼,
내가 준비한 것이 완벽한 것처럼 여기지는 않았는지요.
하나님을 신뢰하는 기도를 잊고 성급하지는 않았는지요.
오늘을 복기하며 주님보다 한발 앞서 나간 조급함을 회개합니다.
내일은 조금 더 주님께 맡겨드리게 하소서.
예수님의 뒷모습을 보며 따라가게 하소서.

때로 조금 느려도 나의 성급함으로
주님을 밀치고 달리지 말게 하소서.
주님 어디로 가십니까?
주님 무엇하기 원하십니까? 묻게 하소서.
그리고 듣게 하소서.
하나님 되심을 인정하고 맡겨드리는 하루 살게 하소서.
나의 주인 되신 예수 그리스도의 이름으로 기도합니다. 아멘!

50

관계를 푸는 자 되게 하소서

하나님 아버지,
한없이 부족한 나를 극진히도 사랑하시는 아버지 감사합니다.
나의 상태와 상관없이 나를 죽기까지 사랑하신
아버지로 인해 감사합니다.
그 십자가가 얼마나 나를 자부심 있게 만드는지요.
내가 그만큼 사랑받는다는 사실이
얼마나 나를 존귀하게 만드는지요.
오늘도 그 힘으로 하루를 살 수 있었습니다.

나를 사랑하셔서 언제나 나를 잃지 않기 위해
애쓰시는 아버지를 사랑합니다.
내가 받은 이 사랑의 아주 작은 조각만큼이라도
다른 사람을 사랑하게 하소서.
나는 억만금의 사랑을 받았는데,
나의 사랑이 너무 작음을 회개합니다.

> 할 수 있거든 너희로서는
> 모든 사람과 더불어 화목하라
> (롬 12:18).

때로 나를 서운하게 하더라도,
때로 나에게 손해를 끼치더라도,
때로 나를 이해해주지 않더라도,
너무 쉽게 관계를 끊지 말게 하소서.
최선을 다해 화목해지려 노력하게 하소서.
나의 힘으로 되지 않는 것은 어쩔 수 없으나
노력도 하지 않게는 말게 하소서.
할 수만 있거든 관계를 푸는 자 되게 하소서.
다툼을 종식하는 사람 되게 하소서.
불화를 잠재우는 자 되게 하소서.

이 저녁 불화하였던 모든 관계를 위해 기도합니다.
오늘 다 풀지 못했다면 내일이라도 용기를 내게 하소서.
두려워 말고 주님을 의지하고 먼저 다가가는 용기를 내게 하소서.
다가갈 수 있는 지혜의 방법이 생각나게 하소서.
나를 사랑하신 예수 그리스도의 이름으로 기도합니다. 아멘!

03

인도

그가 자기 백성은 양 같이 인도하여 내시고
광야에서 양 떼 같이 지도하셨도다
그들을 안전히 인도하시니 그들은 두려움이 없었으나
그들의 원수는 바다에 빠졌도다
그들을 그의 성소의 영역 곧 그의 오른손으로 만드신 산으로 인도하시고
또 나라를 그들의 앞에서 쫓아내시며
줄을 쳐서 그들의 소유를 분배하시고
이스라엘의 지파들이 그들의 장막에 살게 하셨도다
(시 78:52-55).

51

주님이 나의 미래를 아시니
두렵지 않습니다

하나님 아버지,
오늘도 하루를 잘 마칠 수 있게 도와주심에 감사를 드립니다.
아침을 시작할 때는 이 하루가 어떨지 전혀 알지 못했습니다.
주님의 인도하심으로 안전한 하루를 살게 하시니 감사합니다.
내일도 모레도 하나님의 손안에서 하루하루를 살게 하소서.
주님께 나의 삶을 온전히 맡겨드립니다.

하루가 마무리될 때는
이 하루가 얼마나 가치 있는지 잘 모르겠습니다.
그러나 이 하루들이 모여서 나의 인생이 됨을 믿습니다.
오늘 하루가 하나님의 계획 안에 있기를 소망합니다.
나는 단 5분 후의 미래도 알지 못하는 연약한 존재입니다.
그럼에도 불구하고 두려워하지 않는 것은
주님이 나의 미래를 아시기 때문입니다.

> 사랑하지 아니하는 자는 하나님을 알지 못하나니
> 이는 하나님은 사랑이심이라(요일 4:8).

내가 나의 길을 최선을 다해 계획하지만,
그것은 작은 나의 안목일 뿐입니다.
내 인생의 길을 주님께서 알려주소서.
그 아버지의 뜻을 알기 위해 날마다 기도하게 하소서.
나를 부르시고 나의 미래를 아시는 주님께
나를 향한 뜻을 듣게 하소서.
이 저녁에도 주님께 귀 기울이게 하소서.

오늘도 나의 걸음을 인도하신 아버지 감사합니다.
이 저녁의 나의 마음도 주님께서 인도하여 주소서.
평안의 길로 들어서게 하시고 단잠 자게 하소서.
나의 가는 내일의 길도 주님께 의탁드립니다.
나의 길이 되시는
예수 그리스도의 이름으로 기도합니다. 아멘!

52

오늘 만났던 사람들을
축복합니다

하나님 아버지,
하루를 잘 마치게 도우신 아버지 감사합니다.
때로 너무 고단했습니다.
그래도 순간순간 재밌는 일도 있었습니다.
오늘 새로 만났던 사람들을 기억합니다.
내게 의미 없는 듯한 사람이라도 그를 축복합니다.

카페에서 만난 아르바이트생, 마트에서 만난 점원,
길을 지나며 어깨를 스친 사람,
점심시간 식당에서 맞은편에 앉았던 사람, 처음 간 약국의 주인,
누구든지 하나님의 형상을 가진 사람임을 인정합니다.
얼마나 무심하게 그저 기능으로만 그들을 대했던지요.
어느새 투명 인간 취급했던 나의 무심함을 용서하소서.
그들도 세상에 단 하나뿐인 소중한 하나님의 형상입니다.

> 그러므로 그리스도께서 우리를 받아
> 하나님께 영광을 돌리심과 같이
> 너희도 서로 받으라(롬 15:7).

그 사람들에게 하나님이 없다면,
아버지를 알 수 있는 기회를 허락하소서.
소망 없고 지쳐가는 이 세상에서
아버지를 만나 사랑받는 인생 되게 하소서.
내 하루가 기도로 가득 차서 그들을 지나칠 때마다
기도가 묻어나게 하소서.
아버지의 사랑이 나를 통해 묻어나게 하소서.

아버지, 오늘은 그들에게도 단잠을 주소서.
나의 하나님의 사랑이 그들에게 임하기를 기도합니다.
그리고 내일은 사랑의 마음으로 그들의 눈동자를 보겠습니다.
그리고 미소로 그들을 위로하겠습니다.
나의 위로가 되시는
예수 그리스도의 이름으로 기도합니다. 아멘!

53

아버지,
내일 더 도와주소서

쉼이 되시는 하나님 아버지,
오늘 하루가 얼마나 길고 길었던지요.
왜 이 하루가 빨리 끝나지 않을까,
생각하며 지낸 고된 하루입니다.
왜 나에게만 이런 일이 일어날까?
왜 나는 더 좋은 환경에서 일할 수 없을까?
이 질문에 늘 답을 얻지 못합니다.

이 저녁에 나의 모든 짐을 하나님께 맡겨드립니다.
그리고 고백합니다.
나만 힘든 것이 아니야,
나만 나쁜 환경에 사는 것이 아니야.
하나님께 나쁜 환경은 없음을 믿습니다.
하나님이 일하시기에 거리끼는 환경은 없음을 믿습니다.

> 네 짐을 여호와께 맡기라
> 그가 너를 붙드시고 의인의 요동함을
> 영원히 허락하지 아니하시리로다(시 55:22).

오늘을 무사히 마쳐서 감사합니다.
그런데 아버지, 내일은 어떡하나요.
내일 더 도와주소서.
내일 더 손 내밀어 주소서.
이겨나갈 수 있는 강한 힘을
나의 속 사람에게 가득 채워주소서.

오늘의 모든 일을 다 주님께 맡기고
흔들림 없는 마음으로 잠을 청합니다.
평안을 부어주소서.
주님으로 인한 기쁨에 잠기게 하소서.
주님께서 일해주실 내일을 기대하고 잠이 듭니다.
나의 희망이 되시는
예수 그리스도의 이름으로 기도합니다. 아멘!

54

실수와 잘못 앞에
정직하게 하소서

용서의 하나님 아버지,
오늘 하루를 잘 보내게 하시니 감사합니다.
유난히 실수가 많았던 오늘의 모든 상황을 아시는 아버지,
나의 입은 왜 이리 가벼운지요.
나의 표정은 왜 이리 관리가 안 되는지요.
나의 일 처리는 왜 이리 깔끔하지 못한지요.

하루를 돌아보면 잘한 것보다는 잘못한 것이 훨씬 많아 보입니다.
아버지, 나의 모든 실수와 잘못을 용서하소서.
나로 인해 누군가 상처를 받았거나
나로 인해 잘못된 일들이 있다면 도와주소서.
내일은 더 생각하고 말하게 하시고,
내일은 더 기쁜 마음을 갖게 하소서.
비록 일을 잘 못하더라도 친절하게 하시고,
더 배우게 하소서.

하나님이여 내 속에 정한 마음을 창조하시고
내 안에 정직한 영을 새롭게 하소서
(시 51:10).

합력해 선을 이루시는 아버지의 은혜를 구합니다.
하나님 앞에 사람 앞에 정직한 사람 되기 원합니다.
나의 실수를 거짓으로 변명하지 않고 용서를 구하겠습니다.
하나님을 속이고 나를 속이는 일은 하지 않겠습니다.
나에게 일평생 사는 동안 정직한 영을 허락하소서.

이 저녁에 오늘 하루 잘한 것도 많았다는
주님의 위로의 음성을 듣습니다.
괜찮다고 위로하시는 아버지의 손길을 느낍니다.
나의 능력의 아버지께서 모든 것을 도우실 줄 믿고 쉽니다.
하루를 마무리하는 이 시간만큼은 안식하게 하소서.
나의 쉼이 되시는
예수 그리스도의 이름으로 기도합니다. 아멘!

55

주님의 사랑으로
내가 삽니다

하나님 아버지,
오늘 하루 잘 지내게 하신 아버지 감사합니다.
오늘 내가 만난 모든 사람에게 하나님의 은혜가 넘치게 하소서.
내가 위험할 때에 나를 보호하심에 감사드립니다.
내게 지혜가 부족할 때에 지혜를 부어주심에 감사드립니다.
나의 하루 동안 모든 순간 동행해주심에 감사를 드립니다.

이 힘으로 내가 삽니다.
사람은 나를 버릴 수도 있고,
직장은 나를 내보낼 수도 있습니다.
그러나 하나님은 나를 버리지도, 내보내지도 않으십니다.
내 마음에 들어와 나와 함께 거하시는 주님을 찬양합니다.
이 사랑이 나를 살게 합니다.

아버지, 오늘도 아버지의 도움으로 마칠 수 있었습니다.
오늘 나의 모든 부족함을 회개합니다.

> 너희는 강하고 담대하라 두려워하지 말라
> 그들 앞에서 떨지 말라 이는 네 하나님 여호와 그가 너와 함께 가시며
> 결코 너를 떠나지 아니하시며 버리지 아니하실 것임이라(신 31:6).

예수 그리스도의 보혈로 나를 씻어 주소서.
그리고 다시 시작할 수 있는 힘을 허락하소서.
오늘 밤 자는 동안 나의 모든 소진했던 것들이
성령으로 채워지게 하소서.

아버지 앞에 머물러 있는 이 시간이 제일 신나고 좋습니다.
내 마음을 다 아시는 주님 앞에 나와
가장 솔직한 모습으로 설 수 있어 좋습니다.
아버지, 이런 나도 사랑하시지요.
이 아버지의 사랑 안에서 단잠을 누리게 하소서.
나의 선물이 되시는
예수 그리스도의 이름으로 기도합니다. 아멘!

56

평안은 주님께 있습니다

하나님 아버지,
하루를 마감하며 주님 앞에 나아갑니다.
이 하루가 어떻게 지나갔는지 잘 모르겠습니다.
매일 주어진 하루를 살아가는 것이 때로는 지루하게 느껴집니다.
이런 하루도 의미가 있을까 싶습니다.
늘 부족했던 내 모습도 매일 반복되는 것 같습니다.

주님이 주신 하루였습니다.
그래서 오늘이 의미 있음을 믿습니다.
지루한 날들이 반복되며
내가 자라나고 성숙해짐을 믿습니다.
나의 부족함은 주님이 모두 채우심을 믿습니다.
지루한 날의 반복이 아니라
사고가 없는 날의 반복에 감사드립니다.

> 내가 평안히 눕고 자기도 하리니
> 나를 안전히 살게 하시는 이는
> 오직 여호와이시니이다(시 4:8).

오늘 이 저녁에 하루를 돌아보며 단잠을 자게 하소서.
하나님 안에 모든 평안이 있음을 믿습니다.
주님께서 사랑하시는 자에게 단잠을 주시는 것을 믿습니다.
아무리 카페인을 끊고,
아무리 수면제를 먹어도 단잠을 얻을 수는 없습니다.
평안은 주님께 있습니다.

이 시간 주님 안에 완전히 젖어들기 원합니다.
나를 안전하게 하시는 주님을 신뢰합니다.
지금 나는 안전하고 괜찮습니다.
수고했고, 편히 잘 자격이 있습니다.
모든 짐을 내려놓고 주님께 기대어 잠들게 하소서.
나의 주 예수 그리스도의 이름으로 기도합니다. 아멘!

57

이름이 없어도 나는 영원히
사랑받는 존재입니다

사랑의 하나님 아버지,
이 세상의 모든 것을 사랑하시는 아버지 감사합니다.
나도 오늘 그 사랑을 듬뿍 받아 하루를 보낼 수 있음에 감사합니다.
세상은 이름 있는 사람들에게만 관심이 있지만,
주님은 모든 사람에게 관심이 있으십니다.
세상은 이름 지어진 풀들만 기억하지만,
주님은 모든 이름 없는 풀들을 기억하십니다.
내가 이름이 있든 없든 내가 사랑받는 데
아무런 영향이 없음에 감사드립니다.

그런데 오늘도 이름 있어지려고 몸부림치느라 피곤합니다.
사람들에게 기억되기 위해 애쓰느라 힘든 하루가 되었습니다.
사람들의 관심 안에 들어가든 관심 밖에 머물든
하나님의 사랑에는 아무 상관이 없는데 말입니다.
이 저녁에 내가 그렇게 사랑받음을 확인합니다.
나는 영원히 사랑받는 존재입니다.

> 높음이나 깊음이나 다른 어떤 피조물이라도
> 우리를 우리 주 그리스도 예수 안에 있는
> 하나님의 사랑에서 끊을 수 없으리라(롬 8:39).

그래서 나는 기쁠 수밖에 없고,
그래서 나는 자신감이 있을 수밖에 없습니다.
그 마음으로 내가 나를 사랑하고
내가 다른 사람을 사랑하겠습니다.
내 영혼이 외쳐 부릅니다.
나는 사랑받는 존재이고 그 사랑은 영원히 변치 않을 거라고요.
모든 사람이 그렇게 사랑받음을 알게 해주기 원합니다.

내일은 나만이 아니라 남도 사랑받는 존재임을 알려주게 하소서.
하나님의 자녀로서 남을 사랑할 수 있게 하소서.
그래서 하나님이 얼마나 그를 사랑하시는지
맛보게 해주는 자녀 되게 하소서.
편안히 그 사랑 안에 잠드는 저녁 되게 하소서.
나의 주 예수 그리스도의 이름으로 기도합니다. 아멘!

58

날마다 나의 작은 도시락을
주님께 드립니다

안식의 하나님 아버지,
이 저녁에 하루를 마치게 하신 주님을 찬양합니다.
내 모습 그대로 받아주시고, 하루의 삶을 살아갈 힘을 주셨습니다.
내가 하는 모든 말과 행동 속에 하나님의 사랑이 녹아있음을 믿습니다.
오늘의 호흡과 걸음과 삶의 모든 것이 주님께 드리는 예배였습니다.
나의 중심을 받아주시고 모든 영광 주님이 홀로 받아주소서.

부족한 하루였지만,
그래도 주님을 위한 마음을 가지고 하루를 살았습니다.
물고기 두 마리와 떡 다섯 덩이를 드리는 마음으로
하루를 마무리합니다.
작은 것이지만 주님 받아주소서.
그리고 나의 삶이 더욱 주님을 닮아가는 날들 되게 하여 주소서.
날마다 나의 작은 도시락을 주님께 드리겠습니다.

> 예수께서 떡을 가져 축사하신 후에 앉아 있는 자들에게 나눠 주시고
> 물고기도 그렇게 그들의 원대로 주시니라
> (요 6:11).

그리고 때로 도시락 드리는 것을 잊었다 하더라도
자책하지 말게 하소서.
실수할 수 있음을, 이기적일 수 있음을 인정하며
주님께 나아갑니다.
이런 내 모습 그대로 사랑하시는 주님을 신뢰합니다.
그래서 모든 부담감을 가지고 주님 앞에 내려놓습니다.
나의 열심과 목표와 책임과 무거운 모든 것을 주님께 드립니다.

나는 감당할 힘이 없으니 주님께서 책임져 주소서.
그리고 그저 가진 것 그대로, 작은 것 그대로,
할 수 있는 것 그대로 하는 자유를 주소서.
주님 안에서 나의 사랑을 진심으로 고백하며 살기 원합니다.
나를 자유케 하시고 참된 쉼을 주시는 주님을 사랑합니다.
나의 주 예수 그리스도의 이름으로 기도합니다. 아멘!

59

주님이 나를
제자리로 돌려놓으십니다

기쁨의 하나님 아버지,
나의 사는 모든 일 안에 가장 진실한 기쁨은
주님께서 부어주시는 것임에 감사드립니다.
오늘도 많은 일이 있었지만
내가 이 저녁에 기뻐할 수 있는 이유는
아버지 때문입니다.
나의 아버지 되심에 감사합니다.
나를 건지신 주님의 은혜에 기뻐합니다.
나의 전심을 다해 주님을 사랑합니다.

하루 동안 보호하시고 인도하신 아버지 감사합니다.
때로 길을 놓쳐 헤맬 때도 있지만 감사합니다.
주님께서 결국 나를 제자리로 돌려놓으실 것이기 때문입니다.
때로 죄를 지어 자책할 때도 있지만 감사합니다.
오늘 저녁에 나의 회개함으로
당장 깨끗게 하실 것이기 때문입니다.

> 여호와께서 말씀하시되 오라 우리가 서로 변론하자
> 너희의 죄가 주홍 같을지라도 눈과 같이 희어질 것이요
> 진홍같이 붉을지라도 양털같이 희게 되리라(사 1:18).

하루 동안 지었던 나의 모든 죄악을 회개합니다.
알고 지은 죄 모르고 지은 죄까지 용서하여 주소서.
그리고 가벼워진 마음으로 잠자리에 듭니다.
오늘 즐거웠던 모든 일을 다시 기억합니다.
좋은 사람, 좋은 상황, 좋은 환경들에 감사드립니다.

내가 가지지 못한 것을 향한 갈망을 버리게 하소서.
내게 주신 모든 것에 감동하게 하소서.
세상의 모든 것을 다 갖는 것이
행복이 아님을 알게 하소서.
가지지 않아야 할 것을 가지지 않음에 감사하게 하소서.
나의 참된 기쁨이 되시는
예수 그리스도의 이름으로 기도합니다. 아멘!

60

즐거워하는 자들과 함께 즐거워하고
우는 자들과 함께 울게 하소서

하나님 아버지,
날마다 나와 동행하시는 아버지 감사합니다.
오늘도 내가 있는 모든 곳에서 함께하신 아버지를 찬양합니다.
임마누엘의 하나님께서 나를 지키셨습니다.
내가 걸을 때에도, 내가 앉을 때에도,
내가 먹을 때에도 함께하셨습니다.
그 하나님의 힘으로 오늘을 살았음을 고백합니다.

하나님의 사랑이 그 함께하심으로 나에게 증명되었듯이
나의 사랑도 사람들과 함께함으로 증명되게 하소서.
사람들을 사랑한다고 하면서 늘 무관심하였던 것을 용서하소서.
즐거워하는 자들과 함께 즐거워하게 하소서.
우는 자들과 함께 울 수 있는 마음을 주소서.

오늘 내가 동행했어야 하는 사람들이 있다면
주님 그들을 위로하소서.

사랑하는 자들아 하나님이 이같이 우리를 사랑하셨은즉
우리도 서로 사랑하는 것이 마땅하도다
(요일 4:11).

그리고 내일은 내가 그런 사람을 놓치는 일이 없게 하소서.
즐거워하는 사람들을 시기하고,
우는 자를 무시하는 일이 없게 하소서.
진심으로 함께 기뻐하는 사랑의 마음을 허락하소서.
오늘도 주님의 함께하심으로 평안한 저녁을 맞이합니다.

하나님, 이 저녁에 주님 앞에 안식합니다.
나의 기쁨을 기억나게 하시고,
나의 슬픔을 잊어버리게 하소서.
오늘 하루를 기쁨으로 마무리하기 원합니다.
꿈에서도 주님과 동행하는 평안의 밤 되게 하소서.
나의 주 예수 그리스도의 이름으로 기도합니다. 아멘!

61

나의 입에서 나간
모든 잘못된 언어를 용서하소서

말씀의 하나님 아버지,
나를 선택하시고 사랑하신 아버지 감사합니다.
아버지의 음성이 나를 살리고 인도하심을 믿습니다.
오늘 하루를 사는 동안
나의 내면에서 들려주신 그 음성으로 힘을 얻었습니다.
내가 너를 사랑한다, 내가 너를 선택했다,
끝없이 말씀해주소서.

이 저녁에 하루를 돌아봅니다.
나의 잘못되었던 모든 언어를 회개합니다.
하나님의 언어는 언제나 사랑이며, 창조인데
나의 언어는 때로 미움이고, 파괴입니다.
나의 입에서 나간 모든 잘못된 언어를 용서하소서.

예수 그리스도의 보혈의 은혜로
하루 동안의 나쁜 언어를 지워버립니다.

> 내가 애굽 사람에게 어떻게 행하였음과
> 내가 어떻게 독수리 날개로 너희를 업어 내게로 인도하였음을
> 너희가 보았느니라(출 19:4).

그리고 주님의 사랑의 언어로 다시 채웁니다.
하나님은 사랑이십니다.
그 사랑의 언어를 내게 주소서.
그 마음으로 가득 채워주소서.

이 저녁 꿈에라도 주님의 음성을 듣기 원합니다.
내가 나의 의지를 가지고 있는 동안 세상을 좇았습니다.
이제 나의 의지가 사라진 수면의 시간에 주를 갈망합니다.
그리고 내일은 나의 의지를 가진
일상의 시간에서도 주를 찾겠습니다.
말씀이 되어 나를 건지신
예수 그리스도의 이름으로 기도합니다. 아멘!

62

분주했던 마음을
내려놓고 나아갑니다

나의 하나님 아버지,
나의 쉴만한 물가가 되어 주시는 아버지 감사합니다.
하루 종일 유리하는 백성처럼 이리저리 다니다
이제 나의 영혼이 쉼을 얻습니다.
이 저녁에 온전한 휴식을 허락하소서.
나의 몸만이 아니라 영혼이 더욱 쉼을 얻기 원합니다.
주님을 향하여 나의 마음을 돌립니다.

세상을 향하여 동분서주했던 하루 동안
주님을 기억하지 못했음을 용서하소서.
바쁘다 바쁘다 하지만 결국 매일 바쁜데
그것이 핑계였음을 회개합니다.
목자의 음성 없이 하루를 살았음을 회개합니다.
오늘 놓친 주님의 음성을 다시 듣습니다.
주님 말씀하여 주소서.

> 로뎀 나무 아래에 누워 자더니 천사가 그를 어루만지며
> 그에게 이르되 일어나서 먹으라 하는지라
> (왕상 19:5).

분주했던 나의 마음을 내려놓고 주님 앞에 나아갑니다.
나의 푸른 초장이 되시며 나의 쉴만한 물가가 되어 주소서.
나의 영혼이 다시 새롭게 되게 하소서.
성령 하나님의 임재로 나의 몸과 마음이 다시 회복되게 하소서.

오늘의 모든 짐을 내려놓습니다.
나의 악한 마음을 내려놓습니다.
분주한 걱정과 근심을 내려놓습니다.
주님의 푸른 초장에는 안식만이 있음을 믿습니다.
나의 쉼이 되시는
예수 그리스도의 이름으로 기도합니다. 아멘!

63

하나님만이
나의 해결자이십니다

크신 하나님 아버지,
오늘도 나의 가는 모든 길을 지키시고
인도하신 아버지 감사합니다.
내게 베풀어 주신 모든 것이 주님께로부터 옴을 믿습니다.
오늘 하나님의 은혜로 그 모든 것을 잘 누리고 살았음에 감사합니다.
내가 살아가면서 가진 모든 것 중에 당연한 것은 하나도 없습니다.
모든 것이 하나님의 사랑이고 하나님의 은혜입니다.

사랑하는 가족을 주시고, 친구를 주시고,
함께 일할 동료를 주시니 감사합니다.
오늘 하루도 그들을 기억하며 감사하게 하소서.
오늘 잘 지낼 수 있었던 것은 그들이 함께하고 있기 때문입니다.
그 무엇보다 하나님이 나의 아버지 되심에 감사를 드립니다.
그 무엇보다 내가 아버지의
사랑하는 자녀 됨에 감사를 드립니다.

> 너희는 다시 무서워하는 종의 영을 받지 아니하고
> 양자의 영을 받았으므로 우리가 아빠 아버지라고 부르짖느니라
> (롬 8:15).

오늘 하루 아무리 많은 일이 있었어도 괜찮습니다.
내가 해결할 수 없는 많은 문제가 산적해 있어도 괜찮습니다.
높으신 하나님이 나의 아버지이신데 무엇이 문제가 되겠습니까.
내가 이 저녁에 주님 앞에 머물러 앉아 주님의 일하심을 봅니다.
하나님만이 나의 해결자이심을 인정하고 고백합니다.

그 넓은 품에 안겨 오늘 저녁 안식을 얻습니다.
하루가 주마등같이 지나가도 흔들리지 않습니다.
주님의 손안에 올려드리고 평안을 누립니다.
나를 도우소서.
나를 지키소서.
나를 인도하소서.
나와 함께하소서.
나의 주 예수 그리스도의 이름으로 기도합니다. 아멘!

64

나쁜 일로 인해 더 겸손해지고
용기를 갖는 사람 되게 하소서

하나님 아버지,
오늘도 지친 몸과 마음으로 주님 앞에 앉습니다.
나의 피난처가 되시는 아버지를 사랑합니다.
나를 지키시는 요새가 되시는 하나님을 찬양합니다.
아버지가 계셔서 오늘도 내가 살 수 있었음을 고백합니다.
모든 좋은 일과 나쁜 일들을 다 주님 앞에 아룁니다.

오늘 하루 동안 있었던 모든 좋은 일로 인해 감사합니다.
그 좋은 일들이 오늘만 좋은 일이 아니라
끝까지 좋은 일이 되게 하소서.
좋은 일로 교만해지거나, 안일해지거나,
그것을 당연하게 여기지 않게 하소서.
오늘의 나쁜 일들이 끝까지 나쁜 일이 되지 않게 하소서.
나쁜 일로 더 겸손해지고, 다시 용기를 갖게 되고,
감사하는 사람 되게 하소서.

> 지존자의 은밀한 곳에 거주하며 전능자의 그늘 아래에 사는 자여
> 나는 여호와를 향하여 말하기를 그는 나의 피난처요 나의 요새요
> 내가 의뢰하는 하나님이라 하리니 (시 91:1-2).

이 세상에 100% 나쁜 일도 없고,
100% 좋은 일도 없음을 알게 하소서.
하나님 안에서는 하나도 버릴 것이 없이
합력하여 선을 이룸을 믿습니다.
그 하나님을 믿고 오늘도 기뻐하고 감사합니다.
다만 지쳐버린 나의 몸과 마음이 주님께 피해 쉼을 얻습니다.
수고하였다, 괜찮다 말씀하여 주소서.

오늘도 내 마음의 선한 동기를 돌아봐 주소서.
결과는 실패였어도 동기는 선한 것이었으므로
다시 용기를 얻게 하소서.
하루가 너무 고단했다 하더라도
나에게 편히 쉴 피난처 있음에 감사하게 하소서.
마음이 아파도 달려갈 주님이 계셔서 행복합니다.
나의 피난처 되시는
예수 그리스도의 이름으로 기도합니다. 아멘!

65

고단한 육체와 마음이
완전히 회복되게 하소서

힘이 되시는 하나님 아버지,
오늘도 버틸 힘을 주신 아버지 감사합니다.
하루 종일 여러 가지 일 속에서
나의 마음을 지키게 하시니 감사합니다.
그럼에도 불구하고 부족함으로 지었던
모든 죄를 주님 앞에 회개합니다.
인내의 부족과, 피곤하다는 불평과 게으른 나태를 회개합니다.
조급하여 짜증내고 분주한 티를 냈던 것을 용서하소서.

생색내는 버릇을 언제나 고칠 수 있을지 모르겠습니다.
작은 수고를 크게 부풀리고
약간의 피로에 죽겠다고 말하는 것을 용서하소서.
모든 과장을 내려놓고 진실된 마음으로 주님 앞에 앉습니다.
이 저녁에 주님과 온전히 교제 나누게 하소서.
주님의 마음을 나에게 전해주소서.

> 여호와는 나의 힘이요 노래시며 나의 구원이시로다
> 그는 나의 하나님이시니 내가 그를 찬송할 것이요
> 내 아버지의 하나님이시니 내가 그를 높이리로다(출 15:2).

이 시간의 기도가 나의 힘이 되게 하소서.
고단한 육체와 마음이 이 저녁의 시간을 통해
완전히 회복되게 하소서.
많은 일을 하지 않아도 피곤할 수 있으며
많은 일을 해도 피곤하지 않을 수 있습니다.
그 비결이 주님 안에 있음을 믿습니다.

성령 하나님의 마음이 오늘 내 마음 가운데 가득하게 하소서.
나의 모든 분주한 마음을 다 나의 호흡으로 쏟아놓고,
다시 평안을 들이마십니다.
주님은 나의 힘이십니다.
주님은 나의 희망이십니다.
주님은 나의 모든 것이십니다.
내가 그 주님과 함께 이 저녁을 동행합니다.
나와 함께하시는 예수 그리스도의 이름으로 기도합니다. 아멘!

66

모든 순간
주님을 닮은 선택을 하게 하소서

하나님 아버지,
하루를 지켜주신 아버지 감사합니다.
나도 알지 못하는 어려움과 위험 속에서 나를 건지셨습니다.
하루가 평안했다고 해서 진짜 평안했던 것이 아님을 고백합니다.
하나님께서 대신 막아주시고 건져주셨음을 믿습니다.
감사와 찬양을 올려드립니다.

오늘 하루가 하나님 보시기에 어떠했는지요.
하나님의 시선으로 보았을 때
회개해야 할 것들이 생각나게 하소서.
하나님의 시선으로 나의 하루를 다시 보게 하소서.
하나님의 가르침을 듣게 하소서.
내일은 조금 더 하나님의 시선으로
사람을 바라보게 하소서.

> 나를 훈계하신 여호와를 송축할지라
> 밤마다 내 심장이 나를 교훈하도다
> (시 16:7).

하루를 살면서 나의 마음 가운데 말씀하신 아버지 감사합니다.
혹여 내가 잘못된 선택을 하려고 할 때 거리끼는 마음을 주소서.
내가 선한 것을 선택하려 할 때 마음에 기쁨을 허락하소서.
그래서 모든 순간 주님을 닮은 선택을 하는 법을 배우게 하소서.
주님의 뜻을 따라가는 매일이 되기 원합니다.

오늘도 나와 함께하신 하나님을 찬양합니다.
주님의 가르침에 안도하는 저녁 되기 원합니다.
내가 지도받을 삶의 주인이 계신 것이 얼마나 안전한지요
주님의 말씀으로 날마다 나에게 말씀하소서.
나의 주인이 되신
예수 그리스도의 이름으로 기도합니다. 아멘!

67

하나님의 사람으로
사랑스럽게 나를 드러내는 방법

하나님 아버지,
오늘도 나를 지도하시고 힘을 주시니 감사합니다.
하루 종일 하나님을 잊고 지냈던 것을 회개합니다.
너무 바빠서 정신이 없었습니다.
그럼에도 불구하고 내 마음 가운데
하나님을 향한 사랑이 변함없음을 받아주소서.

사회에 살면서 분위기에 너무 휩쓸리게 됨을 용서하소서.
사람들이 다 맞다고 하는데 나만 아니라고 하기가 겁이 납니다.
하나님의 뜻을 알면서도
때로는 분위기에 맞추느라 다른 선택을 합니다.
그들을 거절하고 상처를 주는 일이 아니라면
아버지의 뜻을 따라 살게 하소서.
거절하는 지혜를 허락하여 주소서.
세상 사람들을 사랑하면서
동시에 세상처럼 살지 않는 것이 너무 어렵습니다.

> 너희는 이 세대를 본받지 말고 오직 마음을 새롭게 함으로
> 변화를 받아 하나님의 선하시고 기뻐하시고 온전하신 뜻이
> 무엇인지 분별하도록 하라(롬 12:2).

능력과 지혜의 하나님께서 이런 갈등에서
지혜롭게 행하는 법을 알게 하소서.
내가 날마다 새롭게 되어 주님을 사랑하고 찬양하기 원합니다.
하나님의 뜻을 조금 더 빨리, 명확히 알아서
위험을 잘 피해갈 수 있기를 원합니다.
사람들 앞에 나를 하나님의 사람으로
사랑스럽게 드러내는 방법을 알게 하소서.

거부하고, 분리하고, 교만하고, 거친 태도로
아버지의 뜻을 따르지 말게 하소서.
따뜻하고, 친절하고, 사랑이 넘치고, 부드럽게
아버지의 자녀임을 알리게 하소서.
내 마음에 세상은 더럽다는 선입견을 버리게 하소서.
세상 속에서 하나님의 자녀로
세상을 사랑하는 법을 가르쳐 주소서.
나를 새롭게 하시는 예수 그리스도의 이름으로 기도합니다. 아멘!

68

나를 빛이라고 선언하신 말씀을
믿게 하소서

빛의 하나님 아버지,
날마다 나의 삶에 빛이 되어 주시는 아버지 감사합니다.
하나님의 그 밝음이 오늘도 나를 인도하여 주셨습니다.
얼마나 어두울 일이 많은지요.
나의 마음을 우울하게 만들고 아래로 잡아당기는 모든 일 속에서
하나님의 빛 되심이 나를 이끌고 계심을 믿습니다.

오늘도 내 마음을 다스리지 못하여
우울하고 낙담하였다면 용서하소서.
구원의 감격과 은혜가 날마다 작동되지 않아서 일희일비하게 됩니다.
내가 하나님의 자녀임이 가장 큰 기쁨이 되게 하소서.
그 자녀 됨의 권세가 얼마나 나를
멋지게 살게 할지 기대하게 하소서.
그저 하루 동안 일어나는 좋은 사건들에
갈급해하지 않게 하소서.

이같이 너희 빛이 사람 앞에 비치게 하여
그들로 너희 착한 행실을 보고 하늘에 계신
너희 아버지께 영광을 돌리게 하라(마 5:16).

좋을 때나 나쁠 때나 한결같은 나의 평안함이
가장 큰 능력임을 믿습니다.
사람들 앞에 내가 어떻게 선행을 할까 고민하기 전에
사람들 앞에 내가 어떤 삶과 마음을 지키는지를 보여주게 하소서.
내 안에 아버지의 빛으로 가득해야 내가 그 빛을 비출 수 있습니다.
내 마음이 어두운 구석을 헤맬 때에
스스로 나를 깨워 빛을 바라보게 하소서.

우울했던 하루를 마감하고 주님 앞에 앉았습니다.
침대에 걸터앉아 한없이 가라앉는 것이 아니라
주님의 손을 꼭 붙들게 하소서.
이 저녁에 주시는 한없는 주님의 빛 가운데로 들어가게 하소서.
'너는 빛이 되어라'가 아니라
'너는 빛이라'라고 선언하신 말씀을 믿게 하소서.
나의 즐거움이 되시는
예수 그리스도의 이름으로 기도합니다. 아멘!

69

하나님의 기준에
복된 날이 되게 하소서

나의 주 하나님 아버지,
주님만이 나의 모든 것이심을 고백합니다.
오늘 하루도 많은 일이 있었지만,
아버지를 믿는 믿음으로 살았습니다.
좋은 일도 있고, 나쁜 일도 있고, 그저 그런 일들은 많았습니다.
그럼에도 견딜만했음에 감사드립니다.
나도 모르는, 내 안의 살아계신 주님의 은혜입니다.

오늘도 좋았던 일에 대한 감사가 더욱 커지게 하소서.
나빴던 일들은 나중에 좋아질 것으로
믿음과 기대를 갖게 하소서.
그저 그런 일들은 그저 그렇게 지나갈 수 있음에
감사하게 하소서.
나의 오늘이 나의 인생이기에 오늘도 소중한 날입니다.
하나님이 주신 귀하고 아름다운 날임을 인정합니다.

주께서 심지가 견고한 자를 평강하게 지키시리니
이는 그가 주를 신뢰함이니이다
(사 27:3).

내 기준에 좋고 나쁨으로 재단하지 말게 하소서.
하나님의 기준에 이날을 복되게 하시기를 기도합니다.
이 복된 날 내 영혼에 모든 일이 유익하게 하소서.
모든 것에 감사를 드립니다.
오늘 일어난 모든 일과 만난 사람들로 인해 감사합니다.

이 저녁에 모든 것을 내려놓고 평안하게 하소서.
주님의 품 안에서 모든 것이
선하고 아름다워질 것을 믿고 안식하게 하소서.
괜찮다 나를 다독이며 단잠 자게 하소서.
흔들리지 않는 믿음으로 주님을 신뢰하게 하소서.
나의 반석이 되시는
예수 그리스도의 이름으로 기도합니다. 아멘!

70

나의 생각도 몸도
낡아지는 것 같을 때 도와주소서

하나님 아버지,
오늘도 하루를 잘 마치고 저녁을 맞게 하신 아버지 감사합니다.
하루 종일 나의 위험을 피하게 하시고,
일상을 도우시니 감사합니다.
이런 모든 것을 너무 당연히 여기지 말게 하소서.
모르고 잊을 때에라도 무조건 감사하게 하소서.
나의 입에서 감사가 멈추는 일이 없게 하소서.

오늘도 낙심할 일들이 있었다면 주님께 올려드립니다.
내 눈에는 나쁜 상황처럼 보이지만
주님께 나쁜 상황은 없음을 믿습니다.
그 능력의 주님 앞에
나의 모든 낙심할 만한 일들을 내어 드립니다.
아버지 도와주소서.
나의 연약함을 도와주소서.

그러므로 우리가 낙심하지 아니하노니
우리의 겉 사람은 낡아지나 우리의 속사람은
날로 새로워지도다(고후 4:16).

세월이 흘러 나이 들며 나의 생각도 몸도
낡아지는 것 같을 때 도와주소서.
예전처럼 활력 있고 피곤하지 않던 시절이 지나가도
낙심하지 말게 하소서.
나의 겉 사람은 나이 들어 가도 마음은
언제나 새로워지게 하소서.
하나님의 공급하시는 힘으로 더 즐거워지고 더 활력 있게 하소서.
자꾸 예전의 나를 비교하는 습관을 버리게 하소서.

주님만이 나의 모든 힘의 근원이심을 고백합니다.
아버지를 사랑함이 나의 기쁨의 근원입니다.
주님을 사랑합니다.
주님을 신뢰함으로 오늘도 단잠을 자게 하소서.
나의 주 예수 그리스도의 이름으로 기도합니다. 아멘!

71

오늘 하루 고군분투한 나를
칭찬하게 하소서

하나님 아버지,
오늘도 쉽지 않은 하루를 보내고 주님 앞에 나아옵니다.
매일 승리하기 원하지만 현실은 그렇지 못함을 고백합니다.
주님이 함께하시는데도 때로는 무너지고 낙심합니다.
그러나 이것도 주님의 뜻을 향해가는 길임을 믿습니다.
과정 중에는 여러 어려움을 당할 수 있음을 인정합니다.

마지막 날처럼 승리하고 싶지만
오늘은 과정이니 인내합니다.
하나님의 끝은 언제나 선하고 아름다운 것임을 믿습니다.
오늘 하루의 모든 연약함과 작은 실패들을
주님의 손에 맡겨드립니다.
비록 망친 것 같지만, 주님의 손안에서
아름답게 꽃피울 것을 믿습니다.
그저 오늘 씨를 뿌리는 마음으로 하루를 마무리합니다.

> 이것을 너희에게 이르는 것은 너희로 내 안에서 평안을 누리게 하려 함이라
> 세상에서는 너희가 환난을 당하나 담대하라
> 내가 세상을 이기었노라(요 16:33).

주님 안에서 평안을 누립니다.
세상 속에서는 모든 사람이 환란을
당할 수밖에 없음을 인정합니다.
그러나 주님께서 세상을 이기셨으니
그 승리로 나도 승리할 것을 믿습니다.
하루 동안 고군분투했던 나 자신을 칭찬하게 하소서.
수고했다, 잘하였다, 괜찮다 말씀하여 주소서.

이 저녁에 주님의 넓은 품 안에서 단잠 자게 하소서.
모든 시름을 잊고 모든 문제를 맡겨드리고 평안을 누리게 하소서.
나의 모든 실수를 보혈로 씻고 자유하게 하소서.
가벼운 마음으로 주님의 품에 눕습니다.
나의 평안이 되시는
예수 그리스도의 이름으로 기도합니다. 아멘!

72

하루의 먼지와 더러움을 씻듯
내면의 죄악을 씻으소서

하나님 아버지,
이 저녁에 주님을 만나게 하시니 감사합니다.
하루 종일 주님과 동행하다 이제 주님 앞에 왔습니다.
하나님의 은혜로 하루를 보냈습니다.
나를 지키시고 보호하신 아버지의 은혜에 감사드립니다.
모든 위기와 어려움에서 나를 건지셨습니다.

오늘도 내가 지었던 모든 죄악을 주님 앞에 내어놓습니다.
내 마음의 동기까지 아시는 주님께서
나의 모든 죄를 사하여 주소서.
예수 그리스도의 보혈로 나를 씻어주소서.
하루의 먼지와 더러움을 씻고 잠을 청하듯,
나의 내면의 죄악을 정결하게 하소서.
그리고 가벼운 마음으로 내일을 맞이하게 하소서.

> 그가 빛 가운데 계신 것 같이 우리도 빛 가운데 행하면
> 우리가 서로 사귐이 있고 그 아들 예수의 피가
> 우리를 모든 죄에서 깨끗하게 하실 것이요(요일 1:7).

오늘 하루 동안 빛의 자녀로 살았던
모든 것을 칭찬하여 주소서.
부족했지만 순간순간 노력했음을 기억하소서.
내일은 어두움을 물리치고 빛 가운데 거하게 하소서.
나의 존재가 내가 머무는 곳에서
빛과 같은 존재가 되게 하소서.
어렵고 힘든 사람들을 격려하는 사람 되게 하소서.

주님께서 나의 빛이 되어 주심에 감사드립니다.
그 빛 가운데 나의 영혼이 충전되기를 원합니다.
주님 품 안에서 단잠 자게 하소서.
세상이 줄 수 없는 평안의 시간 되게 하소서.
나의 주 예수 그리스도의 이름으로 기도합니다. 아멘!

73

하나님의 때를
기다리는 믿음을 주소서

하나님 아버지,
오늘도 나를 인도하시고 보호하신 아버지 감사합니다.
나를 위해 준비되었던 이 하루가 참 감사했습니다.
어디든 먼저 가셔서 여호와 이레의
하나님이 되어 주시니 감사합니다.
언제나 나를 지키시는 능력의 하나님 되심에 감사합니다.
이 하나님을 의지하여 매일을 살게 하소서.

때로 내가 기대하는 하나님의 응답이 너무 늦음을 고백합니다.
내 마음의 조급함과 욕심 때문에
원망스러운 마음이 생기는 것을 용서하소서.
내 생각이, 내 판단이 맞다는 확신을 버리게 하소서.
모든 일에 주님 앞에 기도함으로
하나님의 때를 기다리는 믿음을 주소서.
하나님께서 이끄시는 나의 삶을 전적으로 신뢰하게 하소서.

> 너는 여호와를 기다릴지어다
> 강하고 담대하며 여호와를 기다릴지어다
> (시 27:14).

하나님의 때가 때로는 늦을지라도 반드시 오는 것을 믿습니다.
하나님의 일하심이 나의 때와 달라도
아버지의 때가 옳음을 믿습니다.
조급해하지 않고 기다리게 하소서.
세상이 나를 둘러싸고 위협할지라도 담대하게 하소서.
하나님께서 지켜주심을 믿고 견고하게 하소서.

아버지의 일하심을 신뢰하는 강한 믿음을 주소서.
그래서 오늘도 아무 일도 일어나지 않아도 평안을 누리겠습니다.
내 눈에 볼 수 없는 수많은 일을 주님이 하고 계심을 믿습니다.
오늘은 그저 주님을 믿고 단잠을 자겠습니다.
나의 주인 되시는
예수 그리스도의 이름으로 기도합니다. 아멘!

74

지연되는 응답에도
감사하게 하소서

하나님 아버지,
오늘도 주님 안에서 하루를
잘 마무리할 수 있게 하신 은혜에 감사합니다.
모든 것이 만족스러운 하루는 아니었습니다.
그러나 안전하게 마친 하루가 얼마나 감사한지요.
나의 연약함 때문에 어려운 하루였다면
주님의 은혜가 더 강했을 것입니다.
하나님의 도우심이 아니었다면
어쩌면 지금 나는 울고 있을지도 모릅니다.

내가 모든 것을 알 수 없기에
모든 알지 못하는 것들로 인해 감사를 드립니다.
언제나 하나님의 은혜는 나에게 족하고 넘치는 것을 믿습니다.
내 기준의 응답과 만족에 근거하여 불평하지 말게 하소서.
하나님의 기준과 시간을 이해하기 위해 인내하게 하소서.
내가 하나님을 이겨내서 응답받으려는 마음을 버리게 하소서.

내 은혜가 네게 족하도다
이는 내 능력이 약한 데서 온전하여짐이라
(고후 12:9).

결국 하나님의 시간 안에 가장 좋은 것이 있음을 믿습니다.
지연되는 응답에 감사하게 하소서.
내 뜻대로 되지 않는 현실을 기뻐하게 하소서.
하나님의 시간과 하나님의 방법을 기다리고 기다립니다.
모든 것이 하나님의 사랑의 결과임을 믿습니다.

오늘도 이 믿음으로 평안히 잠들기 원합니다.
번잡스러웠던 모든 생각을 다 버립니다.
주님의 얼굴만을 바라며 잠들기 원합니다.
걱정과 근심이 없는 온전한 평안을 구합니다.
나의 주 예수 그리스도의 이름으로 기도합니다. 아멘!

75

성령의 열매가 하나씩
내 하루에 드러나게 하소서

하나님 아버지,
하나님 앞에 하루의 열매를 거두는 마음으로 나아갑니다.
아침부터 있었던 일들을 다시 되뇌며 주님께 찬양을 올립니다.
모든 사소한 순간까지 함께해주심과
나의 연약한 순간에도 손잡아주심을 찬양합니다.
위험한 순간 나의 방패가 되어주심에 감사를 드립니다.

오늘 내가 만나는 사람들 앞에 나는 어떤 존재였는지요.
그들은 나를 어떻게 평가하며 이 밤을 지내고 있을지요.
사람의 눈치를 보는 것이 아니라,
하나님의 자녀로서의 나를 돌아보게 하소서.
그들에게 위로자였는지, 괴롭히는 자였는지,
그들에게 도움이었는지, 장애물이었는지요.

오직 성령의 열매는 사랑과 희락과 화평과 오래 참음과
자비와 양선과 충성과 온유와 절제니
이 같은 것을 금지할 법이 없느니라(갈 5:22-23).

성급하지 않지만 작게라도 하루의 열매를 거두는 자 되게 하소서.
저녁 기도의 시간에 그래도 오늘 내가 누군가에게
웃어줬다는 기억을 갖게 하소서.
누군가의 손을 잡아주고,
누군가의 눈을 바라봐준 피스메이커가 되게 하소서.
성령의 열매가 하나씩 하나씩 내 하루에 드러나게 하소서.
나를 참아줄 사람만 찾지 말고, 내가 참아주는 사람 되게 하소서.

오늘 이룬 작은 열매에 감사를 드립니다.
내일도 아주 작은 열매 하나를 거두겠습니다.
그리고 어느 날인가 매일 풍성하게 열리는
그 열매를 주님께 드리겠습니다.
이것이 나의 삶의 예배이고 그 기대감으로 단잠을 이루겠습니다.
나의 주 예수 그리스도의 이름으로 기도합니다. 아멘!

04

신뢰

주는 나를 돕는 이시니 내가 무서워하지 아니하겠노라
사람이 내게 어찌하리요 하노라
하나님의 말씀을 너희에게 일러 주고
너희를 인도하던 자들을 생각하며
그들의 행실의 말을 주의하여 보고 그들의 믿음을 본받으라
예수 그리스도는 어제나 오늘이나 영원토록 동일하시니라
(히 13:1).

76

내 손을 떠난 일들은
하나님께 맡깁니다

나의 주 하나님 아버지,
정신없이 하루를 지내고 이제야 주님 앞에 나아갑니다.
하루 동안 있었던 많은 일이 머릿속에 아직도 가득합니다.
내가 감당할 수 있는 것도 있었고, 불가능한 것도 있었습니다.
그 모든 것이 정리되지 않은 채 잠을 자고 내일을 맞이했습니다.
그러나 오늘은 주님 앞에서 하루를 잘 정리하기 원합니다.

내가 할 수 있었던 일들에 감사를 드립니다.
주님이 감당할 능력을 주셔서 잘 감당하게 하시니 감사합니다.
그러나 아직 해결하지 못했거나 불가능한 모든 것을
주님께 올려드립니다.
나의 손을 넘어간 일을 어쩌겠다고 붙잡고 있는지요.

이 모든 것을 주님께 내려놓고 기도합니다.
아버지의 뜻하신 대로 역사하여 주소서.
하나님 보시기에 안 돼야 하는 일들은 안 되게 하소서.

우리 가운데서 역사하시는 능력대로
우리가 구하거나 생각하는 모든 것에
더 넘치도록 능히 하실 이에게(엡 3:20).

하나님 보시기에 되어야 하는 일들은 되게 하소서.
그리고 기도함으로 그 일들의 여부를 눈치채게 하소서.

하나님의 능력이 부족해서가 아니라
하나님의 뜻이 없어서임을 알게 하소서.
이 시간 기도를 통해 하나님의 뜻이 어디에 있는지를
발견하는 시간 되게 하소서.
오늘의 일들을 작은 일은 작은 대로,
큰 일은 큰 대로 잘 정리하겠습니다.
그리고 이제 마음을 비웁니다.
비워진 마음에 성령 하나님 가득 임하여 주소서.
예수님의 이름으로 기도합니다. 아멘!

77

돈이 주는 행복에
만족했던 것을 용서하소서

하나님 아버지,
오늘도 나를 보호하신 아버지 감사합니다.
날마다 나와 동행하시는 아버지를
때로는 잊고 지냄을 용서하소서.
때로는 두렵고, 때로는 방향을 몰라 당황스러운 시간을 보냅니다.
하나님께 모든 답이 있는 것을 알지만,
오늘 당장은 헷갈릴 때가 있습니다.
나의 오늘은 주님을 의지했던 하루였는지요.

내 마음 가운데 나뉜 마음이 있다면 용서하소서.
하나님을 의지한다 하면서 사람을 의지한 적이 너무 많습니다.
하나님을 의지한다 하면서 나의 판단을 우선했던 때가 많습니다.
하나님이 가장 갈급하기보다 사실 돈이 가장 갈급했습니다.
세상은 돈이 나의 미래를 행복하게 한다고 계속 소리칩니다.

> 돈을 사랑하지 말고 있는 바를 족한 줄로 알라
> 그가 친히 말씀하시기를 내가 결코 너희를 버리지 아니하고
> 너희를 떠나지 아니하리라 하셨느니라(히 13:5).

오늘 돈이 내게 주는 행복에
너무 만족했던 것을 용서하소서.
내가 노력해서 번 돈이 나의 자부심이었던 것을 용서하소서.
돈이 나의 능력이고 지위였습니다.
돈을 통해 얻을 수 있는 행복이 많이 있지만,
그것을 의지하지 말게 하소서.
오직 하나님만이 나의 의지할 분이시며
나의 주인이심을 고백합니다.

모든 돈의 중요성을 내려놓고 주님 앞에 나아갑니다.
이 저녁에 돈보다 하나님이 나의 주인이심을 고백합니다.
돈이 주는 모든 근심에서 벗어나
주님이 주시는 평안으로 나아갑니다.
나의 모든 것이신 주님으로 인해 오늘 단잠을 청합니다.
나의 주인이 되시는
예수 그리스도의 이름으로 기도합니다. 아멘!

내일 일을 당겨
걱정하지 말게 하소서

하나님 아버지,
소중한 하루를 무사히 보내게 하시니 감사합니다.
어려운 일도 있었는데 잘 마무리하게 하시니 감사합니다.
혹은 알지 못하고 지났던 위험들에서 건져주심을 감사합니다.
오늘 다 하지 못한 일들은 걱정하지 않고 주님께 나아가게 하소서.

부지런하여 계획을 잘 짜는 것인지
걱정 근심하여 계획하는 것인지 늘 헷갈립니다.
내가 성실한 것인지 아니면 사서 걱정을 하는 것인지요.
내 안에 두려운 마음과 쫓기는 마음이 있다면
걱정하는 것이니 회개합니다.
내일을 준비하지만 평안과 담대함이 있다면
성실함이니 감사합니다.
내일 일을 당겨 걱정하지 말게 하소서.

> 보라 내가 너희를 위하여 하늘에서 양식을 비같이 내리리니
> 백성이 나가서 일용할 것을 날마다 거둘 것이라
> (출 16:4).

오늘의 문제를 오늘 해결하기 위해 최선을 다했으니
이에 만족하게 하소서.
내일의 문제는 내일 또 직면해서 최선을 다하게 하소서.
나태함이 아니라 믿음을 갖게 하소서.
근심이 아니라 성실을 갖게 하소서.
주님이 오늘 나에게 주신 그 분깃을 잘 지켜 행하게 하소서.

오늘의 만나를 먹고 더 거두지 않았던 이스라엘 백성처럼
오늘의 은혜를 누리고 내일을 걱정하지 않는 내가 되게 하소서.
내일도 하나님께서 동행하실 것입니다.
내일도 하나님께서 은혜를 주실 것입니다.
나의 평안이 되시는
예수 그리스도의 이름으로 기도합니다. 아멘!

79

나의 사정만 아뢰느라
하나님을 놓치는 일이 없게 하소서

빛 되신 하나님 아버지,
이 세상 모든 것의 빛이 되시며
우리의 가는 길 되신 아버지 감사합니다.
하루 종일 주님은 나에게 길이 되어 주셨습니다.
모든 순간 주님은 나에게 빛이 되어 주셨습니다.
그 길로 가다 보니 또 하루를 보낼 수 있었음에 감사합니다.
내가 그 빛 가운데 거하는 자녀임에 감사를 드립니다.

좋은 일이 있어서 감사한 것보다
주님 자체로 더 감사하게 하소서.
어려움 자체로 힘든 것보다
주님과의 거리가 멀어짐이 더 힘들게 하소서.
아버지의 사랑이 나를 구원했다는 사실이 매일 느껴지게 하소서.
내 삶에 구원의 감격이 나를 가득 채우기 원합니다.

> 여호와는 나의 빛이요 나의 구원이시니 내가 누구를 두려워하리요
> 여호와는 내 생명의 능력이시니 내가 누구를 무서워하리요
> (시 27:1).

매일 나의 일거수일투족을 고백하는 것도 중요하지만
그보다 아버지가 더 중요합니다.
나의 사정만 아뢰느라 하나님의 존재를 놓치는 일이 없게 하소서.
나의 시선이 나에게 머물기만 하지 않게 하소서.
나의 시선이 하나님의 존재를 향하게 하소서.
그 하나님의 크심을 알 때
오늘 나의 문제가 얼마나 작은지 보게 하소서.

이 저녁에 주님의 존재 앞에 나아갑니다.
아버지의 창조물인 존재로서 하나님의 존재 앞에 앉습니다.
그 하나님의 경이로우심이 나를 휩싸게 하소서.
이것만으로 너무도 충만하게 감사하고 감격하게 하소서.
나의 사랑 자체가 되시는
예수 그리스도의 이름으로 기도합니다. 아멘!

80

나의 버팀목은
오직 하나님뿐이십니다

하나님 아버지,
오늘도 나를 실족하지 않게 하시고
견디게 하신 아버지 감사합니다.
많은 좋은 일로 인해 감사를 드립니다.
친절한 사람을 만나게 하시고, 건강하게 하시니 감사합니다.
좋은 시간을 보내게 하시고, 무사히 귀가하게 하시니 감사합니다.
감사할 일이 너무 많이 있음에 감사를 드립니다.

나의 발을 견고하게 하셔서
내가 가는 길을 지키시니 감사합니다.
오늘도 만날만한 자를 만나게 하시고,
피할만한 자를 피하게 하시니 감사합니다.
나의 버팀목이 나이나, 지위나, 돈이나, 인맥이 아님을 믿습니다.
더 많은 버팀목을 만들기 위해 달린 하루가 아니기를 소망합니다.
오직 나의 버팀목은 아버지 하나님뿐이심을 고백합니다.

이스라엘을 지키시는 이는 졸지도 아니하시고
주무시지도 아니하시리로다
(시 121:4).

똑같이 돈을 벌어도, 똑같이 지위를 얻어도
하나님만이 주인 되시도록 하소서.
성실히 세상 가운데 살면서도 흔들리지 않는 믿음을 주소서.
세상 속에서 예수님처럼 살기 위해 애쓰게 하소서.
삶이 예배가 되고 삶이 교회가 되게 하소서.
이를 위해 언제나 나의 곁을 지키시는
주님으로 인해 힘을 얻습니다.

임마누엘의 하나님이 언제나 나와 동행하심을 믿습니다.
나에게서 눈을 떼지 않으시고 지키심을 믿습니다.
이 저녁에 다시 나의 위치를 조정합니다.
세상 문화에 밀렸던 나의 신앙을 다시 주님께로 위치시킵니다.
나의 반석이 되시는
예수 그리스도의 이름으로 기도합니다. 아멘!

81

미래에 대한 걱정보다
오늘에 대한 감사로 채우게 하소서

나의 하나님 아버지,
하나님께서 지켜주신 오늘로 인해 감사합니다.
그 누구의 하나님이시기 전에
나의 아버지 되심을 감사드립니다.
언제나 나의 곁에서 두려워하지 말라 말씀하시니 감사합니다.
오늘도 그 아버지의 사랑으로 하루를 보낼 수 있었습니다.
이 저녁에 아버지의 품 안에서 안식을 누립니다.

나에게 일어나는 일들을 예상하지 못해서 늘 두렵습니다.
예상한다고 달라지는 일이 없는데도 자꾸 예측하려고 합니다.
그래서 현재를 잘 살기보다 미래를 위해 시간을 낭비합니다.
이 반복된 어리석은 삶을 용서하소서.
미래는 주님의 손에 맡기고 오늘에 집중한 삶을 살게 하소서.

오늘도 부족한 부분이 있다면 주님께서 채워주시기를 원합니다.
걱정하느라 오늘에 충실하지 못한 영역을 주님께 맡겨드립니다.

> 두려워하지 말라 내가 너와 함께함이라 놀라지 말라
> 나는 네 하나님이 됨이라 내가 너를 굳세게 하리라
> 참으로 너를 도와 주리라(사 41:10).

그리고 내일은 미래에 대한 염려보다
오늘에 대한 감사로 채우게 하소서.
나에게 주신 오늘이라는 기회를 소홀히 보내지 않겠습니다.
오늘도 주님의 도우심으로 애썼던 시간들을 칭찬하여 주소서.

나의 연약함은 곧 주님을 향한 갈망입니다.
오늘 그랬던 것처럼, 내일도 주님을 갈망합니다.
이 저녁에 평안의 밤을 누리게 하시고,
내일 아침에 희망의 시작을 열게 하소서.
모든 두려움을 잠재우고,
주님 품 안에서 단잠을 자게 하소서.
나의 주가 되시는
예수 그리스도의 이름으로 기도합니다. 아멘!

82

편안한 것, 하던 것, 익숙한 것에만
머물지 않게 하소서

창조주 하나님 아버지,
오늘 하루도 하나님께서 창조하신
모든 것으로 인해 감사를 드립니다.
햇빛을 주시고, 공기를 주시고, 바람을 주시고,
자연 만물을 주신 아버지 감사합니다.
하나님의 창조는 이렇게 아름다운데 누리지 못하고 살았습니다.
고개만 돌려보아도 하나님이 나에게 주신 선물이 이리도 많습니다.
이 많은 선물을 보고도 아버지의 사랑을 느끼지 못함을 회개합니다.

나는 오늘 얼마나 하나님을 닮았는지요.
날마다 새로우신 하나님처럼
오늘 나는 새로운 것에 도전했는지 돌아봅니다.
늘 안정적인 것만 찾고, 늘 사람들에게
핀잔을 듣지 않을 일들만 했습니다.
그저 편안한 것, 그저 하던 것, 그저 익숙한 것에만
머물렀음을 용서하소서.

> 그날에 여호와께서 말씀하신 이 산지를 지금 내게 주소서…
> 여호와께서 나와 함께하시면 내가 여호와께서 말씀하신 대로
> 그들을 쫓아내리이다(수 14:12).

하나님이 주신 담대함으로 새로운 것에 도전하게 하소서.
보이지 않던 것들을 보이게 하시는
하나님의 성품을 닮아가게 하소서.
내 안에 주신 무한한 가능성을 믿게 하소서.
하나님의 자녀가 누리는 특권이 나를 지키고 있음을 믿게 하소서.
새로운 자리를 향해, 새로운 방향을 향해
도전하는 용기를 주소서.
나의 새로운 능력을 발휘하기 위해,
새로운 환경을 위해 도전하게 하소서.

하나님이 함께하시면 두려울 것이 없음을 고백합니다.
내 마음 가운데 주시는 주님의 음성을 듣게 하소서.
그리고 그 음성이 맞다면 도전하는 용기를 허락하소서.
주님 안에서 강하고 담대한 마음을 가지게 하소서.
나의 주 예수 그리스도의 이름으로 기도합니다. 아멘!

83

존재하는 것들에
감사하는 날들 되게 하소서

하나님 아버지,
오늘도 하나님이 주신 하루를 잘 지내게 하시니 감사합니다.
하나님이 주신 선물들이 곳곳에 있었습니다.
사랑하는 가족들과 동료들,
이웃들과 지나친 사람들도 선물이었습니다.
하늘과 구름과 바람도 하나님의 선물이었습니다.
모두 나를 위해 예비하신 아버지의 선물임을 고백합니다.

내가 사는 데 함께하는 것들을
너무 당연하게 여김을 용서하소서.
얼마나 기적 같은 일들인데
날마다 무덤덤하게 여겼음을 회개합니다.
가족이 없는 이들에게 지금 나의 가족은 기적 중의 기적입니다.
직장이 없는 이들에게 지금 나의 동료들은 놀라운 은혜입니다.
외로운 이들에게 지금 내게 이웃이 있음은 하나님의 사랑입니다.

> 주의 손가락으로 만드신 주의 하늘과
> 주께서 베풀어두신 달과 별들을 내가 보오니
> 사람이 무엇이기에 주께서 그를 생각하시며…(시 8:3-4).

존재하는 것들에 조금 더 의미를
부여하는 날들이 되게 하소서.
이 저녁에 지난 오늘을 돌아보며
한 사람 한 사람 다시 떠올립니다.
그리고 그 사람들로 인해 감사를 드립니다.
의미 없었던 사람들에게 의미를 다시 부여하겠습니다.
그리고 하나님의 시선으로 그들의 아름다움을 다시 보겠습니다.

오늘 하루 아름다움을 가득 채우셨던 주님을 찬양합니다.
보이지 않는 천군 천사로 나를 두르시며
나를 지키신 주님을 찬양합니다.
내가 보지 못했다고 해서 없었다고 고집부리지 말게 하소서.
보이지 않는 주님의 강력한 사랑의 손길을 인정하고
감사를 드립니다.
나의 모든 것 되시는
예수 그리스도의 이름으로 기도합니다. 아멘!

84

세상의 유혹을 굳건히 이기는
자녀 되기 원합니다

하나님 아버지,
귀한 하루를 선물로 주시고
시간이라는 기회를 주시니 감사합니다.
어제를 만회할 수 있는
오늘이라는 시간을 주시니 감사를 드립니다.
누구나 받을 수 있는 시간이 아님을 고백합니다.
내가 오늘을 산 것 자체가 기적임을 고백합니다.
선하고 아름다우신 아버지의 인도하심을 찬양합니다.

내 오늘의 시간들을 돌아봅니다.
내 마음은 온전하였는지요.
하루를 지내면서 하나님을 얼마나 기억했는지요.
크고 작은 선택들 속에서 나는 얼마나
하나님의 마음으로 결정했는지요
내 마음을 돌아보고 더욱 자라나는 시간 되게 하소서.

하나님이여 나를 살피사 내 마음을 아시며
나를 시험하사 내 뜻을 아옵소서 내게 무슨 악한 행위가 있나 보시고
나를 영원한 길로 인도하소서(시 139:23-24).

내 마음 가운데 정결한 것을 보존하여 주소서.
내 마음 가운데 악한 것들을 몰아내어 주소서.
예수 그리스도의 보혈의 피로 나를 정결하게 하소서.
무엇보다 주님, 나의 마음을 주님 앞에서 지켜주소서.
일평생 주님의 곁을 떠나는 일이 없도록 나를 지켜주소서.

세상의 유혹에서 굳건히 이기는 자녀 되기 원합니다.
오늘도 그리 살고 내일도 그리 살기 원합니다.
주님의 눈 안에서 떠나지 않는 사랑스러운 자녀 되기 원합니다.
이 밤에 나의 꿈에라도 동행하시는 기쁨을 누리게 하소서.
나의 주 예수 그리스도의 이름으로 기도합니다. 아멘!

85

주님만이
나의 답이 되어주심을 믿습니다

사랑의 하나님 아버지,
주님은 나의 기쁨이시며 영원히 찬양받을 분이십니다.
나의 입술이 날마다 주님을 향해 찬양하기 원합니다.
오늘 하루도 내 마음으로는 늘 주님을 사모했습니다.
그러나 분주한 일상이 나의 시선을 자꾸 돌렸음을 고백합니다.
그럼에도 그 일상에서 주님과 동행하게 하시니 감사합니다.

여러 가지 일 속에서 생각이 많아질 때에 주님께 나아갑니다.
판단이 흐려지거나, 회의감이 들 때에,
어려운 일을 당할 때에 주님께 나아갑니다.
주님만이 나의 위로자가 되실 수 있습니다.
어떤 사람도 나의 상황과 마음을
완전히 이해할 수 없음을 고백합니다.
그래서 주님 앞에 나아갑니다.

> 내 속에 근심이 많을 때에
> 주의 위안이 내 영혼을 즐겁게 하시나이다
> (시 94:19).

주님만이 나의 답이 되어 주심을 믿습니다.
이것이 그저 지나가는 것인지,
싸워 이겨야 하는 것인지 알게 하소서.
복음을 안다면 복음다운 결정을 하게 하소서.
작은 일이라도 주님의 뜻대로 생각하고 행하게 하소서.
작은 결정들이 모여서 나의 인생이 됨을 믿습니다.

비록 생각이 많아지고 고민이 깊어져도
주님을 더욱 사모합니다.
즐거워서 주님을 사모하고, 어려워서 주님을 사모합니다.
평안해서 주님을 사랑하고, 혼란스러워서 주님을 사랑합니다.
모든 순간 주님을 갈망하고 사랑합니다.
나의 기쁨이 되시는
예수 그리스도의 이름으로 기도합니다. 아멘!

86

더 기뻐하고, 더 기도하고,
더 감사하겠습니다

하나님 아버지,
오늘도 좋은 하루를 보내게 하신 아버지 감사합니다.
어려움이 없었던 것은 아니지만 좋은 일도 있었음을 고백합니다.
하나님의 도우심이 아니었다면 얼마나 더 힘들었을지요.
모든 도우심에 감사와 찬양을 올려드립니다.
주님 안에서 합력하여 선을 이루는
좋은 날이었음을 고백합니다.

항상 기뻐하라 하셨는데
오늘 얼마나 기뻐했는지 돌아봅니다.
쉬지 말고 기도하라 하셨는데
얼마나 주님께 기도했는지 생각해봅니다.
범사에 감사하라 하셨는데
불평과 불만이 너무 많지는 않았는지 돌아봅니다.
이 모든 것을 완벽히 할 수는 없지만 조금씩 시도하겠습니다.
더 기뻐하고, 더 기도하고, 더 감사하겠습니다.

> 항상 기뻐하라 쉬지 말고 기도하라 범사에 감사하라
> 이것이 그리스도 예수 안에서 너희를 향하신
> 하나님의 뜻이니라(살전 5:16-18).

나쁜 일 같아서 기뻐하지 못했지만,
사실 그게 더 좋은 일인지도 모릅니다.
나의 판단은 주님의 판단보다
훨씬 더 어리석음을 인정하게 하소서.
좋은 일, 나쁜 일을 가리지 않고 기뻐하고 감사하게 하소서.
그리고 모든 상황을 주님께 기도로 올려드리게 하소서.
주님께서 나의 기도를 들으실 때
모든 것은 감사의 재료가 되는 줄 믿습니다.

주님의 명령이라면 반드시 이것은 나를 위한 것이 분명합니다.
기뻐하겠습니다, 기도하겠습니다, 감사하겠습니다.
그리고 이것이 내 몸에 배도록 애쓰겠습니다.
오늘도 기쁨으로 주님과 잠자리에 듭니다.
나의 주인이 되시는
예수 그리스도의 이름으로 기도합니다. 아멘!

87

고단하고 지친 영혼을
샘물 같게 하소서

하나님 아버지,
오늘 하루도 나를 인도하시고
메마른 곳에서 내 영혼을 만족케 하신 아버지 감사합니다.
주님께서 나의 하루를 지켜보고 계심에 감사드립니다.
때로는 험한 길이라 할지라도
그 안에서 기쁨과 만족을 찾게 하시니 감사합니다.
하루를 돌아보며 주님의 손길을 느낍니다.
주님께서 지치지 않게 제 영혼을 돌보셨습니다.

나도 알지 못하는 생수가 내 안에서 흘렀음을 고백합니다.
나로 물 댄 동산 같게 하셔서 메마른 삶을 견디게 하셨습니다.
이 하루가 주님의 은혜로 가득했음을 고백합니다.
나를 견고하게 하시고, 흔들리지 않게 붙드셨습니다.
감사와 찬양을 올려드립니다.

> 여호와가 너를 항상 인도하여 메마른 곳에서도 네 영혼을 만족하게 하며 네 뼈를 견고하게 하리니 너는 물 댄 동산 같겠고 물이 끊어지지 아니하는 샘 같을 것이라(사 58:11).

이 저녁에 주님 앞에 나와 앉습니다.
이 시간 주님의 말씀이 나의 삶을 더욱 풍성하게 하여 주소서.
내 영혼의 갈급함을 채워주소서.
고단하고 지친 나의 영혼을 새롭게 하여 주소서.
주님께만 붙어 있으면 언제나 다시 공급받는
샘물 같게 하소서.

어느 날보다 간절히 단잠을 원합니다.
주님 안에서 평안히 눕고 자기 원합니다.
모든 것을 다 주님 앞에 내려놓고 쉼을 얻게 하소서.
온전한 안식의 주인이 되시는 주님의 품에 안깁니다.
나의 주 예수 그리스도의 이름으로 기도합니다. 아멘!

88

내가 당하는 어려움을
주님도 함께하고 계심입니다

하나님 아버지,
위험한 길을 지날 때 함께하신 아버지 감사합니다.
어려움을 당하는 모든 순간에 지켜주신 아버지 감사합니다.
그럼에도 불구하고 나는 왜 이리 부족하고
마음이 어려운지 모르겠습니다.
아버지의 돌봄은 풍성함에도 불구하고 여전히 힘이 듭니다.
절대적인 평안을 누리지 못하고
불안에 떠는 내 마음을 용서하소서.

예수님을 믿으면 더 편할 것이라 기대했습니다.
신앙을 가지면 그래도 극한 어려움을
당하지 않을 것이라 예상했습니다.
그래서 어려움이 올 때 어리석게도 혼란스러워했음을 용서하소서.
이 땅에서의 고난은 누구에게나 가능함을 인정하게 하소서.
하나님의 사랑이 부족해서가 아니라
이 땅이 부조리한 것을 이해하게 하소서.

> 네가 물 가운데로 지날 때에 내가 너와 함께할 것이라
> 강을 건널 때에 물이 너를 침몰하지 못할 것이며(사 43:2).

주님께서 이 고난에서 나를 반드시 건져주심을 믿게 하소서.
어려움을 당하지만, 그 안에 나를 방치하지 않으시는
주님의 사랑을 알게 하소서.
내가 당하는 어려움 속에서
주님도 함께 어려움을 당하고 계심이 힘이 되게 하소서.
임마누엘의 하나님께서 극한의 어려움 속에서
더 강하게 임재하심을 믿습니다.
내가 너와 함께하리라 큰 소리로 말씀하여 주소서.

오늘 하루의 모든 고난을 주님께서 아십니다.
나와 모든 순간 함께하셨으니 모르실 수가 없습니다.
함께하셔서 오늘 버틸 수 있었음을 고백합니다.
이 밤에도 꼭 안아주셔서 평안의 잠을 자고 힘내어
내일을 맞이하게 하소서.
나의 주 예수 그리스도의 이름으로 기도합니다. 아멘!

89

주님만이
나의 모든 삶의 대안이십니다

능력의 하나님 아버지,
오늘도 소중한 날을 주심에 감사를 드립니다.
하나님의 도우심으로
하루도 잘 마무리할 수 있음에 감사합니다.
하루를 보내고 주님의 보좌 앞에 나아갑니다.
아침에 소망을 가지고 시작하고,
이 저녁에 감사함으로 마무리하게 하소서.

주님 앞에 나아감이 나의 힘입니다.
주님 앞에서 나의 모든 죄악을 쏟아놓고 긍휼을 구합니다.
나의 모든 때에 때를 따라 주시는 은혜를 구합니다.
내가 상상 못할 크기로 나를 사랑하시는 주님을 의지합니다.
주님의 보좌 앞에 나아가 그 크심 앞에 엎드립니다.

나의 모든 부족함을 주님의 능력으로 채워주소서.
나의 지혜 없음에 주님의 지혜를 부어주소서.

그러므로 우리는 긍휼하심을 받고
때를 따라 돕는 은혜를 얻기 위하여
은혜의 보좌 앞에 담대히 나아갈 것이니라(히 4:16).

나의 사랑 없음도 주님의 사랑으로 넘쳐흐르게 하소서.
주님만이 나의 모든 삶의 대안이십니다.
주님으로 인해 온 하루를 견딜 수 있음을 고백합니다.

모든 순간 주님의 보좌를 향해 나아가겠습니다.
어렵고 힘들고 낙심되는 순간에도 주저하지 않겠습니다.
나의 달려갈 곳은 오직 주님을 향한 곳임을 고백합니다.
이 저녁 하나님의 넘치는 긍휼하심 안에
평안을 누리게 하소서.
은혜의 주 예수 그리스도의 이름으로 기도합니다. 아멘!

90

이 저녁의 기도가
신앙고백이 되게 하소서

하나님 아버지,
새로운 날을 주시고 새로운 삶을 주신 아버지 감사합니다.
어제와 다른 오늘을 주심에 감사를 드립니다.
오늘은 하나님과 손을 잡고 동행한 날입니다.
내가 주님의 손을 놓는 순간에도
주님은 나의 손을 붙들고 계셨습니다.
그 믿음으로 오늘도 안심할 수 있음에 감사드립니다.

하나님께서 나를 부르실 때에
이미 내 안에 착한 일을 시작하심을 믿습니다.
때로 아주 작은 변화여서 눈치채지 못할 때도 많지만
하나님은 이미 나를 통해 일하고 계심을 믿고 신뢰합니다.
오늘 나의 행보가 너무 보잘것없어 보일지라도
낙심하지 말게 하소서.
나의 끝을 이루시는 이는 예수 그리스도이시기 때문입니다.

> 너희 안에서 착한 일을 시작하신 이가
> 그리스도 예수의 날까지 이루실 줄을 우리는 확신하노라
> (빌 1:6).

이 저녁 나의 기도가 신앙의 고백이 되게 하소서.
나를 믿어서가 아니라 주님을 믿어서 오늘 담대하게 하소서.
내가 잘해서가 아니라 주님이 하시니
이 저녁 평안을 누리게 하소서.
내 안에 살아계셔서 나를 살고 계신 주님의 동행을 믿습니다.
나는 주님 안에, 주님은 내 안에 살고 계십니다.

그 주님과 오늘 단잠을 이루기 원합니다.
내 안에서 말씀하소서.
내 안에서 일하여 주소서.
그래서 나와 동행하시는 하나님의 그 길을
알고 따르는 자녀 되게 하소서.
나의 길이 되시는
예수 그리스도의 이름으로 기도합니다. 아멘!

91

침대에 누워 걱정으로
밤을 새우지 않게 하소서

하나님 아버지,
오늘도 무사히 하루를 마치게 하시니 감사합니다.
시간이 잘 지나갔지만, 모든 일이 순조롭게 마쳐진 것은 아닙니다.
아직 해결해야 할 일들이 있고, 마무리되지 않은 일들도 있습니다.
그러나 이것이 근심이 되지 않게 하소서.
그저 조금 더 연장해서 수고해야 하는 일이라
가벼이 여기게 하소서.

근심함으로 나의 키를 한 자라도
크게 할 수 없다 하셨습니다.
결국 내가 걱정하는 것이 일을 해결하는 데는
아무 도움이 안 됩니다.
주님을 신뢰함으로 기도하게 하소서.
저녁 내내 침대에 누워 걱정하느라 밤을 새우지 않게 하소서.
모든 것을 내려놓고 평안히 잠잘 수 있는 힘을 허락하소서.

너희는 마음에 근심하지 말라
하나님을 믿으니 또 나를 믿으라
(요 14:1).

잠자는 것도 능력임을 실감합니다.
원한다고 졸리다고 다 잘 수 있는 것이 아니었습니다.
작은 것 하나에도 하나님의 은혜가 필요합니다.
오늘 자지 못하면서 또 내일을 걱정하고
그래서 더 잠들지 못합니다.
주님 안에 평안을 주소서.

마음에 근심하지 않고 하나님을 전적으로 신뢰하게 하소서.
그래서 이 밤에 꿀잠을 자게 하소서.
그리고 새로운 아침을 기쁨으로 맞이하게 하소서.
오늘도 나의 근심과 걱정을 거둬가실 주님을 신뢰합니다.
나의 주 예수 그리스도의 이름으로 기도합니다. 아멘!

92

오늘의 더러움을 씻고
새로 시작하는 저녁 되게 하소서

하나님 아버지,
날마다 주님을 바라며 하루를 보냅니다.
오늘도 주님의 은혜로 하루를 마치게 하시니 감사합니다.
하루 종일 나의 가는 모든 길 가운데
함께하심을 감사드립니다.
내가 급할 때에 주님께 드리는 기도에 응답하소서.
하나님을 기억할 때에 주님 도와주소서.

언제나 나의 영혼은 주님을 향합니다.
그러나 일상 속에서
문득문득 주님을 잊고 사는 시간들이 있습니다.
내 영혼 깊은 곳에서 늘 주님을 바라고 있음을 고백합니다.
표현되지 못한 나의 사랑을 받아주소서.
나의 진심이 주님을 사랑함을 기억하소서.

> 여호와여 우리가 주께 바라는 대로
> 주의 인자하심을 우리에게 베푸소서
> (시 33:22).

오늘도 나의 죄 된 부분을 주님께 올려드립니다.
나의 말이나 표정, 태도나 마음의
옳지 못한 죄악을 회개합니다.
죄인을 받아주시고 용서하시는 그 은혜를 구합니다.
오늘의 더러움을 주님 앞에서 다 씻고
새로 시작하는 저녁 되게 하소서.
몸과 마음이 정결하여 주님의 평안을 누리는 밤 되기 원합니다.

주님만이 나의 도움이시고 방패이십니다.
내가 싸우려 하지 말고
주님께서 싸워주시는 것을 기다리게 하소서.
주님의 뒤에서 주님의 뒷모습을 바라보며 살아가게 하소서.
주님의 인자하심 안에서 이 밤에도 단잠 자기 원합니다.
나의 주 예수 그리스도의 이름으로 기도합니다. 아멘!

93

주님의 사랑의 크기를 알면
두려울 것이 없습니다

사랑의 하나님 아버지,
하나님의 사랑이 넘쳐나 오늘을 지키신 아버지 감사합니다.
나 같은 죄인을 사랑하시고 건지신 아버지의 사랑을 늘 기억합니다.
그 사랑 때문에 오늘도 세상 안에서 당당하게 살 수 있었습니다.
사람들은 나를 사랑하지 않을지라도
하나님은 모든 순간 사랑하시기 때문입니다.
그 사랑에 힘입어 오늘도 하루를 잘 마치게 하시니 감사합니다.

주님을 향한 나의 사랑도 변하지 않게 하소서.
주님의 사랑을 믿고 신뢰하며
나의 사랑을 고백하는 매일이 되게 하소서.
사랑이 가진 힘을 믿게 하소서.
그 사랑의 크기를 가늠한다면,
그리고 믿는다면 정말 두려울 것이 없습니다.
나의 실수와 나의 고난 가운데
능히 나를 건지실 주님이시기 때문입니다.

> 사랑 안에 두려움이 없고 온전한 사랑이 두려움을 내쫓나니 두려움에는 형벌이 있음이라 두려워하는 자는 사랑 안에서 온전히 이루지 못하였느니라(요일 4:18).

나의 어려움을 외면하지 못하시는
아버지의 사랑이 나를 행복하게 합니다.
나보다 나의 고통이 더 괴로우신 주님의 사랑을 믿습니다.
그리고 결국 나를 인도하여 안전한 길로 인도하실 것을 믿습니다.
그러니 과정 중에 어렵더라도 두려워하지 말게 하소서.
과정 중에 길을 잃더라도 무서워하지 말게 하소서.

그 사랑에 힘입어 오늘도 마음의 평화를 얻습니다.
모든 것이 혼란스러워도 나는 괜찮습니다.
주님이 나를 건지시고, 도우시고, 이끄실 것이기 때문입니다.
주님을 사랑합니다.
나의 모든 것 되시는
예수 그리스도의 이름으로 기도합니다. 아멘!

94

하나님의 뜻에 맞지 않는 기도들은
거절하여 주소서

하나님 아버지,
오늘도 나의 모든 간구를 들으시는 아버지 감사합니다.
하루 종일 얼마나 많은 기도 제목이 생기는지요.
오랜 기도 제목만이 아니라
긴급하고 짧은 기도 제목들도 마음에 한가득입니다.
그러나 가장 먼저 나의 사랑을 주님께 고백합니다.
기도의 응답 때문에
내가 주님을 사랑하는 것이 아님을 고백합니다.

하나님만이 나의 모든 것 되십니다.
주님만이 나의 사랑 되십니다.
주님이 나를 사랑하심과 같이 나도 주님을 사랑하여
일평생 주를 바랄 것입니다.
내 마음을 받아주소서.
그리고 나의 연약함을 돌보아주소서.

> 여호와께서는 자기에게 간구하는 모든 자
> 곧 진실하게 간구하는 모든 자에게 가까이하시는도다
> (시 145:18).

주님께 기도할 때마다 주님 말씀하여 주소서.
내가 원하는 것들을 간구할 때에
아버지의 마음을 알기 원합니다.
하나님의 뜻에 맞지 않는 기도들은 거절하여 주소서.
이루어지지 않아야 할 기도 제목들은 이루어지지 않게 하소서.
그리고 나의 어리석음을 깨달을 수 있도록 말씀하여 주소서.

날마다 기도로 주님을 만나기 원합니다.
주님을 만나 주님의 인도하심을 받는 것이 제일 큰 기쁨입니다.
정직한 마음으로 이 저녁에도 주님 앞에 나아갑니다.
모든 기도는 주님의 뜻을 알고 행하기 위함이니
언제나 말씀하여 주소서.
나의 길을 인도하시는
예수 그리스도의 이름으로 기도합니다. 아멘!

95

입술로 전도하지 못할지라도
삶으로 전도하게 하소서

하나님 아버지,
오늘도 많은 사람을 곁에 두셔서 함께하게 하시니 감사합니다.
하루 종일 함께할 수 있는 사람을 주심에 감사드립니다.
그들이 존재함으로 늘 도움을 받고 있음을 고백합니다.
때로 마음에 들지 않는다고 불평하지만
실은 좋은 점이 더 많음에 감사드립니다.
나도 그들에게 좋은 존재가 되도록 도와주소서.

오늘 나는 사람들에게 친절했는지 돌아봅니다.
나에게 도움이 되는 사람에게만 친절하지는 않았는지요.
복음대로 산다는 것은
내가 복음을 가진 사람으로 보이는 것입니다.
그저 나의 유익만 구하며 살지 않고
남의 유익도 구하며 살게 하소서.
오늘 하루 종일 나의 기준이
나의 이익과 관련되었다면 용서하소서.

> 서로 친절히 하며 불쌍히 여기며 서로 용서하기를
> 하나님이 그리스도 안에서 너희를 용서하신 것 같이 하라
> (엡 4:32).

자신의 아픔 때문에 나에게 상처를 준 사람이 있다면
용서하게 하소서.
나도 나의 아픔 때문에 마음이 모가 나서
날카로울 때가 있음을 인정합니다.
나에게만 너그럽지 않게
다른 사람에게도 너그러운 자 되게 하소서.
나의 모든 죄악을 모두 용서받았으니
나도 용서하는 사람 되게 하소서.
내가 누리는 하나님의 사랑을 남도 나를 통해 누리게 하소서.

내가 입술로 전도하지 못할지라도
삶으로, 사랑으로, 용서로 전도하게 하소서.
하나님의 사람이 어딘가는 다른 구석이 있기 원합니다.
오늘 하루를 반성하며 내일을 다짐합니다.
내일은 더 너그럽게 하시고 사랑하게 하소서.
나의 주 예수 그리스도의 이름으로 기도합니다. 아멘!

96

하나님이 주신 분량대로
사는 법을 배우게 하소서

하나님 아버지,
고단한 하루를 마쳤습니다.
몸도 마음도 지쳐서 씻을 힘도 없을 지경입니다.
오늘 나를 지치게 한 것은 무엇이었을까요?
일이 많아서인지, 사람에 지친 것인지,
내 뜻대로 되지 않아 낙심한 것인지요.
나의 욕심이 과하였던 거라면 용서하소서.

너무 많은 일을 하려고 욕심을 낸 것은 아닌지요.
너무 많은 돈을 벌려고 무리하게 계획한 것은 아닌지요.
모든 것이 내 뜻대로 되기를 바라다가 실망한 것은 아닌지요.
사람들을 조종하려고 이리저리 분주했던 것은 아닌지요.
과욕이 있었다면 주님 용서하여 주소서.

피곤한 자에게는 능력을 주시며
무능한 자에게는 힘을 더하시나니
(사 40:29).

하나님이 주신 분량대로 사는 법을 배우게 하소서.
억지로 주어진 짐이라면 피할 길이 없으나
내가 만든 것이라면 줄이게 하소서.
인생을 사는 것 자체가 피곤한 일이지만,
주님을 의지하여 힘을 얻게 하소서.
하나님의 관점으로 인생을 다시 보게 하소서.
하나님께서 주신 복이 얼마나 많은지 세어보게 하소서.

그래서 오늘도 감사하며 하루를 마감합니다.
피곤한 자에게 능력을 주시는 하나님을 의지합니다.
내일은 오늘보다 조금 더 나은 하루를 기대합니다.
이 저녁에 온전한 회복을 주시고
주님의 품 안에서 단잠 자게 하소서.
나의 힘이 되시는
예수 그리스도의 이름으로 기도합니다. 아멘!

97

주님 안에만 있다면
오늘의 모든 것이 괜찮습니다

하나님 아버지,
주님을 의지하여 오늘 하루도 살 수 있음에 감사드립니다.
나는 연약하여 매일 실패하고 무너지지만
주님은 견고한 망대와 같습니다.
내가 주님 안에 있을 때 나의 실패는 괜찮습니다.
내가 주님 안에 있을 때 나의 실수는 괜찮습니다.
내가 주님 안에만 있다면 오늘의 모든 것은 괜찮습니다.

그래서 이 저녁에 주님의 품 안으로 들어갑니다.
나의 울타리가 되어 주소서.
나의 쉴만한 피난처가 되어 주소서.
어디서 내가 쉼을 얻겠습니까.
주님만이 나의 마음을 아시고 나의 상황을 아십니다.

사람을 의지했다가 실망했다면
주님으로 인해 다시 힘을 얻게 하소서.

> 여호와의 이름은 견고한 망대라
> 의인은 그리로 달려가서 안전함을 얻느니라
> (잠 18:10).

사람은 믿음의 대상이 아니라
긍휼과 사랑의 대상임을 다시 기억하게 하소서.
나 또한 흔들리는 갈대와 같은 연약한 존재임을 알게 하소서.
그래서 서로서로 장담할 수 없음을,
주님만이 장담할 수 있음을 알게 하소서.
오늘의 만남들 속에서 주님의 도우심을 구합니다.

모든 부족함을 채우시는 주님께 나아갑니다.
그 품 안에서 쉼을 구합니다.
나를 안아주소서.
"잘했다" 칭찬하여 주소서.
"괜찮다" 위로하여 주소서.
그리고 "이제 수고하였으니 자자" 꿈으로 인도하여 주소서.
나의 피난처 되시는
예수 그리스도의 이름으로 기도합니다. 아멘!

98

남과 나를 위한 사랑을
잘 실천했는지 돌아봅니다

나의 하나님 아버지,
오늘도 좋은 하루를 보내게 하심에 감사합니다.
안전한 하루였음을 고백합니다.
하나님 안에 있을 때 가장 안전함을 믿습니다.
오늘을 지켜주신 아버지를 찬양합니다.
오늘 하루가 내 마음의 예배가 되었기를 소망합니다.

오늘 만난 사람들에게 얼마나 사랑을 전했나 돌아봅니다.
외로워 보인 사람이 있었는지,
결핍이 있는 사람이 있었는지.
도움이 필요한 사람이 있었는지,
위로가 절실한 사람이 있었는지요.
적절하게 그들에게 사랑을 표현하지 못함을 용서하소서.
내일은 더 면밀히 살피고
아버지의 사랑을 전하게 하소서.

> 주라 그리하면 너희에게 줄 것이니 곧 후히 되어 누르고 흔들어 넘치도록 하여 너희에게 안겨주리라 너희가 헤아리는 그 헤아림으로 너희도 헤아림을 도로 받을 것이니라(요 6:38).

나를 위한 사랑도 내가 잘 실천했는지 돌아봅니다.
나는 나를 보호했는지요.
나는 나의 마음을 들여다봤는지요.
나의 필요에 응답하고 나에게 필요한 격려를 스스로 했는지요.
아버지의 사랑을 묵상함으로
나에게 아버지의 사랑을 공급했는지요.
나를 온전히 사랑함으로
이웃을 사랑할 수 있음을 알게 하소서.

부족한 사랑을 내려놓고 주님 안에 잠들기 원합니다.
크고 위대하신 하나님의 사랑 앞에 감동하며 안식하겠습니다.
오늘은 사랑에 실패했다 하더라도 내일은 성공할 수 있습니다.
내가 먼저 그 큰 사랑을 경험하고 그것이 넘쳐흐르게 하소서.
나를 품어주시는
예수 그리스도의 이름으로 기도합니다. 아멘!

99

부정적인 마음과
낙심으로부터 나를 건지소서

나의 주 하나님 아버지,
오늘도 나의 기쁨이 되시는 아버지 감사합니다.
하루를 살면서 얼마나 낙심할 일이 많은지요.
해결되지 않은 문제들과 사소한 불쾌함들이
때로 나를 사로잡습니다.
나의 변화되지 않는 삶의 문제들 앞에 무너지지 말게 하소서.
나의 영혼이 낙심이 되어 가라앉을 때에 나를 건져주소서.

힘들 때는 유독 더 힘든 일들이 몰려옵니다.
마음이 힘들 때는 유난히 더 많이 상처받을 일들이 생깁니다.
나의 마음이 예민해져서 그렇다면
마음의 여유를 회복하게 하소서.
마음이 불안할 때 가장 먼저 주님을 향해 소리치게 하소서.
'제발 나를 도와주세요!'라고
마음으로 외치게 하소서.

> 내 영혼아 네가 어찌하여 낙심하며 어찌하여 내 속에서 불안해하는가
> 너는 하나님께 소망을 두라 나는 그가 나타나 도우심으로 말미암아
> 내 하나님을 여전히 찬송하리로다(시 42:11).

내가 더 가라앉지 않게 나를 붙잡아주소서.
내 생각을 사로잡고 있는 부정적인 마음과
낙심으로부터 나를 건지소서.
내 미래는 없다고 소리치는 사탄의 음성을 물리치게 하소서.
그 거짓 음성에 속아 내가 맞다고 인정하지 말게 하소서.
내가 너를 지킬 것이라는 주님의 말씀만이 맞습니다.

힘든 오늘을 지나면서 주님의 존전에 나아갑니다.
내가 주님을 바라봅니다.
제발 나를 도우소서, 나를 건져주소서,
내 생각을 붙들어 주소서.
주님의 옷자락을 잡고 이 밤에 평안을 누리게 하소서.
나의 영혼을 건지시는
예수 그리스도의 이름으로 기도합니다. 아멘!

100

요동치 않는 사랑의 바다에서
쉼을 얻게 하소서

하나님 아버지,
오늘 하루도 변함없이 나를 지켜주심에 감사합니다.
나는 늘 변덕스러워서 마음이 이랬다 저랬다 함을 회개합니다.
하나님을 믿었다 의심했다 하는 나를 용서하소서.
하루 종일 즐거웠다 불행했다 하는 가벼움을 회개합니다.
이 마음을 주님의 십자가에 단단히 묶게 하소서.

나를 위해 죽으신 그 십자가의 사랑에 감동하여
감사한 매일을 살게 하소서.
그 십자가의 감격으로 매일 기뻐하게 하소서.
오늘 하루 많은 일이 나를 요동치게 하지만
나는 흔들리지 말게 하소서.
구원의 은혜가 나를 매일 행복하게 할 수 있음을 믿습니다.
하나님의 사랑은 영원토록 변함이 없으시니
내가 오늘도 기뻐합니다.

예수 그리스도는 어제나 오늘이나
영원토록 동일하시니라
(히 13:8).

오늘 하루 종일 무슨 일이 있었든 상관없습니다.
하나님의 사랑이 너무 확실하기 때문입니다.
하나님의 사랑이 변함없이 영원하기 때문입니다.
이 사실이 오늘을 망쳐도 기뻐할 수 있는 이유입니다.

그 사랑 안에 더욱 가까이 주님 앞으로 나아갑니다.
날마다 주님 품 안에서 단잠을 청합니다.
요동치 않는 사랑의 바다에서 깊이 쉼을 얻게 하소서.
크신 주님 안에서 모든 것에 자유한 평안한 밤 되게 하소서.
나의 사랑이 되시는
예수 그리스도의 이름으로 기도합니다. 아멘!

사명선언문

너희가 흠이 없고 순전하여……세상에서 그들 가운데 빛들로
나타내며 생명의 말씀을 밝혀 _ 빌 2:15-16

1. 생명을 담겠습니다
만드는 책에 주님 주신 생명을 담겠습니다.
그 책으로 복음을 선포하겠습니다.

2. 말씀을 밝히겠습니다
생명의 근본은 말씀입니다.
말씀을 밝혀 성도와 교회의 성장을 돕겠습니다.

3. 빛이 되겠습니다
시대와 영혼의 어두움을 밝혀 주님 앞으로 이끄는
빛이 되는 책을 만들겠습니다.

4. 순전히 행하겠습니다
책을 만들고 전하는 일과 경영하는 일에 부끄러움이 없는
정직함으로 행하겠습니다.

5. 끝까지 전파하겠습니다
모든 사람에게, 땅 끝까지, 주님 오시는 그날까지
복음을 전하는 사명을 다하겠습니다.

서점 안내

광화문점 서울시 종로구 새문안로 69 구세군회관 1층
02)737-2288 / 02)737-4623(F)

강남점 서울시 서초구 신반포로 177 반포쇼핑타운 3동 2층
02)595-1211 / 02)595-3549(F)

구로점 서울시 동작구 시흥대로 602, 3층 302호
02)858-8744 / 02)838-0653(F)

노원점 서울시 노원구 동일로 1366 삼봉빌딩 지하 1층
02)938-7979 / 02)3391-6169(F)

일산점 경기도 고양시 일산서구 중앙로 1391 레이크타운 지하 1층
031)916-8787 / 031)916-8788(F)

의정부점 경기도 의정부시 청사로47번길 12 성산타워 3층
031)845-0600 / 031)852-6930(F)

인터넷서점 www.lifebook.co.kr